# 谈典看法

## 读点法律避点坑

著 ｜ 谈典看法

北京联合出版公司
Beijing United Publishing Co.,Ltd.

图书在版编目（CIP）数据

谈典看法：读点法律避点坑/谈典看法著.--北京：北京联合出版公司，2022.6
ISBN 978-7-5596-6141-8

Ⅰ.①谈… Ⅱ.①谈… Ⅲ.①法律－中国－通俗读物 Ⅳ.①D920.5

中国版本图书馆CIP数据核字(2022)第059601号

**谈典看法：读点法律避点坑**

作　　者：谈典看法
出 品 人：赵红仕
责任编辑：牛炜征
图书策划：刘昭远
封面设计：水玉银文化
版式设计：姜　楠

北京联合出版公司出版
（北京市西城区德外大街 83 号楼 9 层　100088）
北京时代华语国际传媒股份有限公司发行
北京温林源印刷有限公司印刷　新华书店经销
字数220千字　690毫米×980毫米　1/16　18.5印张
2022年6月第1版　2022年6月第1次印刷
ISBN 978-7-5596-6141-8
定价：58.00元

# 社会问题

## 刑事犯罪

## 劳资关系

# 消费者权益

# 婚恋家庭问题

# 未成年人保护与学校教育

社会问题

# 01　520万名酒店客人资料泄露，我们如何守护个人信息安全

2020年3月31日，据CNET报道，全球首屈一指的某国际酒店集团再次被曝出信息泄露问题。酒店方表示，公司有近520万房客的个人资料被泄露，泄露的信息有姓名、地址、邮件、生日，甚至包括一些忠实用户的账号详细信息。除此之外，"某银行因泄露客户个人流水被罚450万元""App过度收集用户个人信息"的报道也屡见不鲜。甚至有网友爆料，他们手机上的照片曾被App自行删除。

不知道你平时有没有这样的经历：总有一些陌生电话，问你要不要贷款、要不要买房、要不要报培训班，甚至连你叫什么、住哪里、最近办了什么业务都说得出来。这些人有那么神通广大吗？

其实，不是对方有神通，而是个人信息"满天飞"已经成了公开的秘密。有时候，我们甚至会产生一种错觉，谁的信息要是没被出卖过，反而还觉得不正常了。

侵害个人信息的现象如此猖獗，难道我们国家没有关于个人信息保护的法律规定吗？

当然不是。2021年11月1日，《中华人民共和国个人信息保护法》

（以下简称《个人信息保护法》）正式施行，这是我们国家第一部专门的、系统性的个人信息保护法律。在此之前，个人信息保护主要散见于《中华人民共和国民法典》（以下简称《民法典》）、《中华人民共和国网络安全法》（以下简称《网络安全法》）、《中华人民共和国刑法》（以下简称《刑法》）等法律中。

《个人信息保护法》对个人信息的定义是"以电子或者其他方式记录的与已识别或者可识别的自然人有关的各种信息，不包括匿名化处理后的信息"。比如，我们的姓名、出生日期、身份证号码、生物识别信息、住址、电话号码、电子邮箱、健康信息、行踪信息等。同时，《个人信息保护法》进一步将生物识别、宗教信仰、特定身份、医疗健康、金融账户、行踪轨迹等信息，以及不满十四周岁未成年人的个人信息定义为敏感个人信息，制定了更为严格的处理规则。

而即便如此，有个现实情况是，目前个人信息保护的困境不是无法可依，而是个人信息保护落实难，法律层面的规制乏力。几乎任何人、任何单位都可以一定程度地收集公民个人信息，但是信息收集后的管理制度却相对宽泛。再者，信息泄露溯源也难，仅凭技术手段或者管理制度很难查到泄露的源头。

我们以大家平常使用的手机 App 为例，在个人信息保护上至少存在以下问题：

第一， 法律规定，App 收集个人信息要经过用户同意。在实际使用中，如果你不同意 App 收集某些个人信息，就没法使用那个 App，并没有第三种选项。更有意思的是，这类 App 的用户协议大都篇幅极长且字体极小，99.9% 的人也许看都不看，即便看也不会逐条细看，而很多猫腻就藏在这里面。

　　第二，法律规定，App 不得收集与所提供服务无关的个人信息。但是，哪些信息与服务有关，并不是由用户说了算。以前，相关法律的规定较为原则，只要求"合法、正当、必要"。使用以后发现自己的信息被 App 过度收集了，用户可以投诉举报，也可以向法院起诉，但是维权成本很高。

　　第三，法律规定，App 要对收集的用户个人信息严格保密，并建立保护制度。且不论这些 App 有没有建立保护制度，谁来监督和怎样监督这些 App，出现信息泄露后怎么确认信息是哪个 App 泄露的就是个棘手的问题。因为你的个人信息早已经满天飞了，要想查出来是谁泄露的太难了。

　　这些问题和矛盾该如何解决，不仅考验人性的底线，更考验法治的能力。随着《个人信息保护法》的实施，行政主管部门也不断完善管理制度。比如，国家互联网信息办公室、工业和信息化部、公安部、国家市场监督管理总局颁布的《常见类型移动互联网应用程序必要个人信息范围规定》，明确 39 类常见 App 必要个人信息范围，进一步解决个人信息过度收集问题；比如，建立健全个人信息保护合规制度体系，对处理个人信息达到一定数量的单位，强制要求建立个人信息保护负责人制度；等等。

　　此外，除了行政管理和民事权利，个人信息保护还涉及到刑事追责的问题。《刑法》中规定了侵犯公民个人信息罪，但是量刑标准较高，追责难度大，需要达到"情节严重"才能够追究刑事责任。"情节严重"具体指：出售或者提供行踪轨迹信息，被他人用于犯罪；非法获取、出售或者提供行踪轨迹信息、通信内容、征信信息、财产信息 50 条以上；非法获取、出售或者提供住宿信息、通信记录、健康生理信息、交易信息等其他可能影响人身、财产安全的公民个人信息 500 条以上；非法获取、出售或者提供除上述信息以外的公民个人信息 5000 条以上的；违法所得 5000 元以上等。满足以上任一条，才属于情节严重的刑事犯罪，最高可判处 7 年有期徒刑。

由于我们国家以前在个人信息保护层面的法律基础相对较弱，伴随着互联网和信息技术的飞速发展，个人信息保护必然面临很大的挑战和困境。除了法律法规的完善，也希望每个人都能够增强个人信息保护意识，注意个人信息的保护，必要的时候，积极采取法律手段维权。

# 02　游客在酒店"私人沙滩"游泳溺亡，责任谁承担

---

据媒体报道，2020年10月2日，国庆节放假期间，一游客在广东惠州某酒店"私人沙滩"游泳时不幸溺亡。家属和酒店方就责任问题发生争执：家属认为酒店以"私人沙滩"做广告宣传，消费者误以为该区域安全；而酒店则称该宣传与酒店无关，为旅行社宣传行为，且沙滩不在其管理范围。

---

国庆节放假，一家人本是开开心心去游玩，家人却在沙滩游泳时溺亡。这样的悲剧，家属肯定是无法接受的。事已至此，只能去面对。责任该算在谁头上？酒店？旅行社？游客自己？还是另有其人？

在法律上，这类案件主要适用《民法典·侵权责任编》的相关规定，看在游客溺亡一事上哪一方有过错。

先说游客。作为成年人，在沙滩游玩就要对自己的行为负责。要看游客的溺亡是否存在自身疾病、违反相关警示要求或者有其他故意、过失的行为。如果存在，那么游客自己要承担部分或者全部责任；如果不存在，要看其他相关各方是否尽到相应的管理、救助义务。

再说沙滩管理方。从媒体报道来看，酒店方称所谓私人沙滩不属

于他们的管理范围。但无论这个沙滩的管理方是谁，都要看其有没有设置警示标志，有没有配备救生员，救生员在事发时有没有尽到救助义务。如果管理方没有设置相应的警示标志，或者没有及时救助，则需要承担部分责任。但这个责任比例肯定只是一部分，或者是一小部分，不是主要责任。

最后说酒店方和旅行社。如果游客确实看到了广告宣传所称的"私人沙滩无限畅玩"，那么不管这是酒店还是旅行社所为，事实上都属于一种服务承诺，是合同内容的一部分。明确告知私人沙滩能不能游泳，设置警示标志，便是酒店和旅行社的义务。如果没有尽到相关义务，酒店和旅行社也不能完全脱离干系，多少还是要承担一部分责任的。但如果沙滩确实不是酒店方的管理范围，而是酒店或者旅行社为了吸引游客而做的虚假宣传，就属于合同违约行为，需要承担违约责任。

总之，发生这样的事情，谁都不愿意看到。或许沙滩管理方、酒店、旅行社都免不了一定的责任，但即便他们全责，逝去的生命也回不来了。我们不能把自己的生命安全完全寄托于他人的提醒或者救助，毕竟，对自己的行为负责，对自己的生命安全负责，是每个成年人的必修课。

愿逝者安息，生者警醒。

# 03　男子坠楼砸死路人谁担责

2019 年 12 月 30 日，山城重庆发生了这么一起悲剧，一男子坠楼砸到两名路人。两名路人系高中生，正在备考重庆大学美视电影学院，最终三人经抢救无效死亡。警方通报称，本案中坠楼男子系自杀，排除刑事案件。

跳楼者和路人都不幸去世。这起悲剧，令人痛心。

跳楼者自己要自杀，但路人是无辜的，白白送命。跳楼者已经去世，自然无法要求其承担刑事责任和民事赔偿责任，那路人家属该找谁承担民事赔偿？

我们首先想到的可能就是跳楼者的家属。但按照现行法律，跳楼者作为一个具有完全民事行为能力人，民事赔偿责任应当自行承担，而不能采取"父债子偿"或者"子债父偿"的模式，家属是没有赔偿义务的。

那路人就只能自认倒霉了？这样不公平吧？

是的，没有任何赔偿自然不公平。跳楼者家属虽然没有法定的赔偿义务，但不代表不能要求其赔偿。

根据《民法典》规定，对一个人去世后遗产的处理，应当在为缺乏劳动能力又没有生活来源的继承人保留必要的遗产后，先清偿被继承人的债务，剩下的继承人才能进行继承。所以，如果跳楼者去世时有合法的遗产，且继承人没有放弃继承，路人的家属就可以要求继承人赔偿。不过，赔偿的限度是继承人得到的遗产数额，超出部分，除非继承人自愿赔偿，否则可以不用赔偿。

假如，路人家属依法要求赔偿 80 万元，而跳楼者死后有 100 万元的遗产，那跳楼者的继承人就要先赔偿这 80 万元，剩下的 20 万元作为遗产继承；如果跳楼者只有 50 万元的遗产，那路人家属只能取得赔偿 50 万元，另外 30 万元跳楼者继承人可以不赔偿。但是，如果跳楼者家属自愿赔偿，那当然是允许的。

一个人选择结束生命，一定是经历了深深的绝望和痛苦。只是，生命本身得以解脱，却把新的问题留给了最爱他的人。也许，这个世界上存在着不公和不幸，但珍爱生命，好好活着，却是对抗不公和不幸的最好方式。

# 04　五星级酒店浴室发现摄像头，到底谁之过

2020年9月12日，一对夫妻入住三亚某五星级酒店，发现卫生间有视频记录仪，准确记录了夫妻俩的裸身画面。酒店方对浴室出现摄像头的解释是"工作失误"，"摄像头是用来监督员工的，是员工打扫完卫生后遗漏的"。此前，也有酒店被曝房间有用针孔摄像头偷拍的，这一事件再次引发了老百姓对酒店隐私安全问题的担忧。

如果酒店房间中的摄像头确实是因员工工作失误遗漏的，那么这就是一起民事纠纷。酒店方应该承担因自身工作失误而造成的侵犯顾客隐私权的责任，顾客可以要求酒店方删除视频、赔礼道歉、赔偿损失等。不仅如此，酒店还有义务保证拍摄到的视频没有被传播或者造成其他后果。

下面，咱们再来说一下，如果酒店房间中的摄像头不是工作失误遗漏的，而是有人故意安装偷拍，将有哪些法律后果，这类问题又该如何解决。

第一，治安违法。偷拍是一种侵犯隐私权的行为，会被定性为一种治安违法行为，根据《中华人民共和国治安管理处罚法》（以下简称《治

安管理处罚法》），最高可以处 10 日行政拘留，并处 500 元罚款。

　　第二，刑事犯罪。如果偷拍后对隐私视频进行传播，有可能构成犯罪，可能被认定为侮辱罪，需要被害人提起刑事自诉，偷拍者情节严重的可被判处 3 年以下有期徒刑、拘役、管制或者剥夺政治权利；还可能被认定为传播淫秽物品罪，情节严重的可被判处 2 年以下有期徒刑、拘役或者管制。如果是以牟利为目的进行传播，最高可以判处无期徒刑。此外，《刑法》还规定了非法使用窃照器材罪，构成犯罪的，处 2 年以下有期徒刑、拘役或者管制。

　　第三，侵犯隐私权的民事责任，主要包括停止侵权、赔礼道歉、赔偿损失等。

　　我认为，治理偷拍，人防、技防以及法律制度层面的惩处，一样都不能少。在现行法律体系下，比起偷拍造成的伤害，对偷拍的处罚真的是太仁慈了。如果能从立法层面加大处罚力度，比如对这种偷拍传播行为判重刑，建立惩罚性赔偿制度，并纳入征信系统，全方位来惩戒，铤而走险的人也许会少很多。

# 05　高空抛物坠物治理，是法律问题更是社会问题

2019 年 6 月 19 日，江苏南京一小区高空坠物砸伤一小学生，致其头部出血昏迷倒地，送往医院抢救。后警方通报：该小学生被楼上 8 岁男童高空抛物砸中，暂无生命危险。这是 6 天内国内第三起高空坠物伤人事故。高空抛 / 坠物被称为"悬在城市上空的痛"，已经成为一种难以根除的城市现象。而随着《民法典》的施行和高空抛物入刑，这一问题的解决又被赋予了新的思路。

又是一起高空坠物伤人事件，又是一个生命险遭不测。这样的事情太让人心痛和气愤，无缘无故"祸从天降"，孩子走在路上招谁惹谁了？

究竟是高空坠物还是高空抛物，这个是必须查清楚的。二者虽是一字之差，却对应着截然不同的两种法律责任。

前者可能是意外所致，但并不是不可追责。要看是业主、物业还是开发商的问题，可以向他们主张侵权赔偿责任。后者是有个人主观意愿存在的。如果是往下扔，不管是什么原因，都构成间接故意伤害，这个时候就不只是民事赔偿责任了，还涉嫌高空抛物罪，要追究刑事责任。

那如果无法确定肇事者，被砸到的人就自认倒霉吗？

当然不是。这种情况在法律上已经有规定了。《民法典》第一千二百五十四条明确规定：（高空抛 / 坠物）经调查难以确定具体侵权人的，除能够证明自己不是侵权人的外，由可能加害的建筑物使用人给予补偿。可能加害的建筑物使用人补偿后，有权向侵权人追偿。

比如，从一栋楼房掉下一个花盆砸伤路人，但无法确定是从谁家掉下来的。这个时候，被砸的人可以起诉整栋楼的住户。开庭的时候，能够提供证据证明花盆不可能从自己家掉下去砸伤路人的住户，就不用承担责任；没有证据或者不能用证据证明的住户，就要共同对受害者承担赔偿责任，大家平摊费用。

福建莆田仙游县人民法院就判过一起"高空坠物"案件，因无法查清肇事者，18 名涉诉楼栋的业主为此共同埋单。

这个规定被网友们戏称为"连坐"。这种法律推定责任看上去好像有点儿不公平。不过，它是一种补偿责任，而不是直接侵权责任。它的立法本意，是鉴于高空坠物的危险性，一方面要保障受害者的合法权益，另一方面，也是倒逼和敦促每个人重视高空抛 / 坠物问题。而且，法律同时还规定了救济措施，如果其他住户承担了补偿责任后，又找到肇事者的，是可以要求肇事者返还他们支付的赔偿费用的。

另外，《民法典》第一千二百五十四条还规定了小区物业的安全保障义务和公安机关对不明抛 / 坠物砸伤人的调查责任。如果物业没有采取必要的安全保障措施，造成高空抛 / 坠物伤人，也要承担赔偿责任；而通过公安机关介入调查，也能在一定程度上减少因找不到肇事者整栋楼的人都被告上法庭的尴尬。

要从源头上解决高空抛 / 坠物问题，我认为还有几点不能忽略：

一是加强"技防"。比如，安装监控设备，对高层建筑的相关设施加大安全检查力度，增加高楼层窗户防护等，尽可能减少高空抛／坠物伤人的发生。

二是明确高空抛物的法律责任问题。以往，对高空抛物责任的法律适用存在模糊地带。《民法典》从民事角度进一步明确了责任，而《中华人民共和国刑法修正案（十一）》将高空抛物入刑，法律层面不断完善，对高空抛物者的惩罚也更加有法可依。

三是加强宣传和警示教育。高空抛／坠物的发生，一方面由于个人素质低下，同时抱有侥幸心理；另一方面，也源于他们对法律的无知。通过多种途径，对高空抛物的危害和后果进行宣传，从而起到一种警示教育作用，是尤为必要的。

头顶上的安全，需要全社会的共同努力。

# 06　首例代孕遭客户退单致女童无法上户口案背后的问题

2016 年上半年，一女子为谋钱财，通过黑中介徐某牵线替某夫妇代孕。然而她在怀孕 3 个月时被查出感染梅毒，"客户"要求"退单"并让中介督促其流产。代孕妈妈称因怜惜胎儿拒绝流产，便独自返回老家产下一女。后因生活拮据卖掉了以他人信息登记的女儿的出生证，致使女童 3 岁仍无法上户口。

代孕在我国是非法的。《人类辅助生殖技术管理办法》明确规定："禁止以任何形式买卖配子、合子、胚胎。医疗机构和医务人员不得实施任何形式的代孕技术。"

因此，为代孕而签订的合同，在法律上是无效的，当事双方在合同中设立的权利义务是不受法律保护的。代孕合同的标的物是孩子，是一个活生生的人，不是商品，也就不存在"退单""违约"之说。

代孕遭"退单"已经不只是这位女性自身的问题了，还牵涉到一个无辜的生命。孩子无法上户口，会带来一系列的社会问题，影响孩子教育、医疗。不过，这些问题只是暂时的，在法律和国家政策层面，最终会有一个解决方案。

而从现行法律来看，代孕虽然是非法的，但是对应的法律责任却很缺乏。

《人类辅助生殖技术管理办法》是原国家卫生部（现中华人民共和国国家卫生健康委员会）颁布的，属于部门规章，在我们国家法律体系中，效力位阶相对较低，能够设置的法律责任非常有限。所以，它只规定了对进行代孕的医疗机构可进行警告和 3 万元以下罚款的处罚标准，并不涉及对进行代孕的个人的处罚。对于要求实施代孕的人，没有明确相应的法律责任，找不到处罚的依据。也就是说，在现行的法律制度中，在没有其他违法犯罪的行为的情况下，只能处罚医疗机构，而不会处罚要求代孕的人。

在刑事责任层面，如果是没有资质的医疗人员实施代孕，可能涉嫌非法行医罪，最高可判 10 年以上有期徒刑；对于代孕的双方当事人，只有在拒绝抚养代孕的孩子，造成孩子重伤、死亡、生活无着、流离失所或者遗弃手段十分恶劣等情况下，才可能涉嫌遗弃罪，可以判处 5 年以下有期徒刑、拘役或者管制。

所以，在国内代孕，个人可能涉及到的法律责任，主要是对孩子的抚养问题，包括抚养权、抚养费的民事法律问题和遗弃罪的刑事责任问题。

2021 年初，某明星被曝在美国代孕生育两个孩子，引发了舆论广泛关注，这就涉及另外一个问题了。在美国的一些州，代孕是合法的，而且孩子在美国出生就可以获得美国国籍。当然，如果父母是中国国籍，也还是可以回国给孩子上户口，获得中国国籍。此时，又要分孩子是美国国籍还是中国国籍来分析，毕竟两国法律的规定是不一样的。

如果孩子是美国国籍，那么中国国籍的父母不抚养孩子，能否构成遗弃罪，或者其他违法犯罪，要看美国的法律是怎么规定的；如果孩子是中国国籍，同样是中国国籍的父母不抚养孩子，就可以适用中国法律。

最后，再回到代孕这个事情上，为什么我们反对代孕？把女性子宫商品化出租，本身就是对女性权益和尊严的极大践踏。而为了钱财，不惜出租自己的子宫，也是女性生存中的无奈、辛酸和耻辱。

我们更不能忽略的一点是，代孕本身是为了解决不能生育的问题，是一个医学上的命题。但在现实中，有钱人花钱就可以让别人给自己生孩子，无形之中将人性、平等放在了对立面。

关于代孕，目前仍然存在不少争议，不管是伦理层面，还是法律层面。如何既保障不能生育的群体的权益，又防范伦理和法律方面的风险？这考验立法技术，更考验人性。

# 07 网上看病能信吗？真正的互联网诊疗是什么样子

2019年12月6日，某记者在一个"养生采集"群收到一份测试题，只要把网上搜索的资料改一改，扮演患者提问同时扮演医生回答，通过原创审核后就能兼职。一些看似专业、带着"某医院某医生"头衔的回答有可能是非专业人员以每条1.5元左右的报酬复制、粘贴、编造的。我们不禁要问：网上看病能信吗？

其实，很多人都有过通过互联网诊疗的经历。

平时头疼发热，皮肤长痘、长疮，或者身体感觉有点异常，认为这只是小问题，去医院太麻烦，又或者问题难以启齿，一些人会打开手机，在搜索引擎输入症状描述，得到一长串治疗方案。有的是患者的经验分享，有的是认证信息为医护人员的账号提供的专业意见，有的还提供在线咨询服务。接下来，患者也许会根据网上获取的信息或咨询建议去进行治疗。

这可以看作互联网诊疗的初期模式吧。但很明显，这种方式并不科学，看起来像孙悟空的"隔空把脉"，不仅不能对症下药，甚至还可能导致误诊。因为网络信息五花八门，针对同一症状可能出现完全相反的意见。医疗是一项专业性非常强的工作，如果生病了上网搜索一下就能治疗，那还要医生干吗？而有些时候，在互联网诊疗的掩护下，又会滋生一些诈骗犯罪，对人们的生命财产安全造成巨大威胁。

国家建立互联网诊疗服务监管平台，这无疑是一项利民惠民的举措。但监管、隐私保护和技术支持是难点、关键点。虽然目前已规定了互联网诊疗的准入资质，可互联网平台的开放性为监管增加了困难，也增加了患者隐私保护的风险点。

更为重要的是，中医讲究望闻问切，西医诊疗也需要观察、检查、化验等，这样才能较为准确地确定病情。互联网诊疗通过图文咨询还是视频在线咨询？患者的描述是主观的感受，是否和实际病情吻合？医生通过患者的图文描述或者看视频，是否就能确诊？若不能，是不是还需要再到医院诊疗？这样的话，是不是更麻烦了？

新生事物的出现，只要合法合规合理，能够满足公众需求，就应当加以肯定。但互联网诊疗服务能否满足公众看病需要，解决看病难的问题，以及怎样监管，怎样诊疗，哪种疾病可以通过互联网诊疗，出现医疗事故责任谁承担等问题，都是当前亟待解决的。

# 08　电梯被关老人爬楼时猝死，到底谁该担责

---

　　2019 年 12 月 9 日，广东阳春市一小区物业因部分业主拖欠物业费时间过长，小区将电梯关停，六旬老人爬楼到 9 层后身体不适，拨打急救电话求救。医护人员到场后，电梯仍未开启，老人错过了最佳救援时机，不幸去世。

---

　　涉及公共利益时，如果没有法律和制度的明确规定，"人人有责"往往容易变成"人人无责"。小区业主公共利益面临选择，是最能体现人的素质和人性弱点的时候。

　　但这一事件中，除了部分欠费业主的素质问题、法律责任问题，业委会和物业决定关停电梯是存在很大问题的。小区电梯是公共资源，部分欠费的业主属于违约，要承担违约责任，但是交了费的业主也因此受到影响，他们的损失又该由谁来承担责任？

　　业委会和物业表面上看来义正词严，实际上这种处理方式是缺乏法律支撑的。部分业主欠费属于合同违约，物业可以依法追究他们的责任，但用这种偏激和极端的方式来处理，说明业委会和物业没有学会依法解决问题。

　　回到老人爬楼梯猝死这一具体事件，到底该由谁来承担法律责任？其实还不能简单地说老人猝死就是关停电梯造成的，还需要进一步的证据来

证明老人爬楼梯猝死和关停电梯之间是否存在法律上的因果关系。比如，在法医学鉴定书上，老人的死亡原因是什么？是本身有基础病，爬楼梯导致发病，还是就是由爬楼梯导致的？通过鉴定是能够得出一个结论的。

本案中，去世老人的家属在维权时有一个不利的地方——走楼梯不会必然导致病发，所以从法律角度来说，大概率不会把老人的死亡全部归因于关停电梯。

这一事件诉诸法律，会有公正判决。但是，欠费的那些业主，不知会作何感想？而业委会和物业，有没有反思过自己的行为？

# 09　从母猫被开水烫死的新闻看禁止虐待动物是否应该尽快立法

2020 年 10 月 19 日，男子当街用开水浇一只怀孕母猫。被劝阻后，男子态度恶劣并宣称"猫偷吃了火腿，该往死里整"。虐待导致母猫腹中的 4 只幼崽全部死亡，母猫子宫被摘除，经治疗有所恢复，但出现了严重的应激反应。男子的残忍行为，引发了舆论的广泛关注。

这种虐待小动物的新闻总是让人怒不可遏。但气愤的背后，大家更想知道，这种行为在法律上能怎么处罚？

遗憾的是，我们国家目前还没有关于小动物保护的法律法规，虐猫、虐狗等行为在法律上的定性，也只是故意毁坏财物。从理论上来讲，情节严重的可能涉嫌治安违法，可以进行拘留罚款，而只有被伤害的宠物价值达到一定的数额标准，比如 5000 元以上（这个不同省份标准不一样）才可以追究刑事责任；如果从虐待小动物对社会秩序造成的不良影响角度来说，还可以从寻衅滋事的角度来追责。

大家注意，我刚才说的是理论上的可能。我们的确可以从这个角度来分析相关人员的法律责任，但是在现实中，因为虐待动物被拘留罚款甚至判刑的，我好像还真没看到过。而且有些人虐待自己养的动物，客观上也不会对他人财产造成损害，属于自我处分行为，无法站在故意毁坏财物的角度追责。

不过，我们也看到一些趋势。比如，此前山东理工大学对虐猫学生予以退学；山西，用开水浇猫男子被公司开除等，说明这个问题已经引起了人们的重视，并在一定范围内进行了惩治的探索。这种处理方式，实际上是从虐待小动物造成的不良社会影响角度进行的处理，重点是不良影响，而并不是反虐猫这一现象。

针对虐待小动物的行为，目前最大的问题在于，在立法层面还缺乏依据。我国现有的法律只是针对野生动物的保护。其实，不管是从社会发展的趋势，还是从法律规定角度，立法保护小动物都是势在必行的。在一个法治、文明的社会下，人类与动物应该是和谐共处的。一个人对待小动物的态度，某种程度上反映了他的素质修养和心理状态，并在客观上影响这个社会。

我认为，现阶段的虐待动物立法，一方面要秉持人与动物和谐共处的理念，在强化生态文明建设的基础上，去科学谋划。另一方面，要从虐待动物可能造成的影响上着手，综合考虑虐待动物者的主观动机、虐待手段、对当事人和社会公众心理和精神上的伤害，以及对社会秩序的影响等因素，去制定处罚规定。

在民事责任方面，应进一步明确虐待动物行为造成当事人物质损失和精神损害时的赔偿责任；在刑事责任方面，应明确虐待动物适用故意毁坏财物罪的条件和破坏社会秩序的寻衅滋事罪等罪名的条件、情形。对以特别残忍、恶劣手段虐待动物的行为，要加重处罚。同时，还需要明确，不仅虐待他人的动物属于侵权乃至违法犯罪，虐待自己的动物造成恶劣社会影响的也要受到法律的处罚。

　　不管怎样，可以不爱，但别伤害。我们对待动物的态度，直接反映着社会文明发达的程度。虐待动物立法是必要的，也是一种趋势。在此，我也呼吁和支持，尽快对虐待动物立法。

# 10 民间"配阴婚"习俗的法律问题和道德问题

2020 年 11 月 26 日，河北一个已经去世 12 年的女子，尸骨被亲生父母挖出，卖给别人"配阴婚"，价格 8 万元。就在此事曝光的十几天前，山东女子方某某因不孕被婆家虐待致死案引发广泛关注，有媒体曝光，方某某死后，骨灰被娘家人以几千块钱的价格卖掉配阴婚。

如果婚姻的意义在于一生相伴、相扶，那么，人死后结婚的意义是什么？

相信看到配阴婚新闻的你，会有一种匪夷所思之感。而震惊之余，我们发现，这还不是个例。看似落后的民间配阴婚习俗，并未被尘封，反而时不时地进入公众视野。在现代文明，尤其是互联网时代，显得格格不入而又恐怖阴森。

配阴婚违法吗？为何直至今天，它还有生存的空间？它存在的意义，除了挥之不去的对女性冷冰冰的恶意、唯利是图的利益链，还暴露了怎样的人性？

首先，我们需要明确的是，配阴婚只是民间习俗，即便举办了婚礼仪式，也是不具备法律效力的，因为他们根本无法进行法律上的登记。

从近年来曝光的与阴婚相关的新闻和司法案例来看，阴婚主要有两种形式：第一种是双方都是死去的人，这是最普遍的形式，可能涉及挖开坟墓取走尸体或者骨灰；第二种是一方为死去的人，而另一方是活人！配阴婚的过程中，就可能要杀死这个人。

不管是以上哪种形式，都可能涉及法律问题。比如，为了配阴婚，有盗窃、侮辱、故意毁坏尸骨的行为，情节轻的可能涉嫌治安违法，可以行政拘留 15 天以内或者处以 1000 元以内的罚款；严重的就涉嫌犯罪了，最高能判 3 年有期徒刑。此外，还涉及对近亲属精神损害赔偿的民事责任。而如果用活人配阴婚，过程中有杀人或者其他犯罪行为，就要追究相应的刑事责任。

上面说的法律责任都好界定，但是还有一种充满争议且存在法律空白的情况——在双方亲属自愿的情况下配阴婚，该承担法律责任吗？

人死后的人格利益仍然是受法律保护的。《民法典》就明确了，死者的姓名、肖像、名誉、荣誉、隐私、遗体等受到侵害时，家属可以要求侵权者承担民事责任。这里的家属指的是死者的配偶、父母和子女，如果没有配偶、子女并且父母也不在世了，其他近亲属也有权行使这个权利，具体包括兄弟姐妹、祖父母、外祖父母、孙子女和外孙子女。也就是说，在不违反法律强制性规定的情况下，家属有处分死者遗体及相关的人格利益的权利。

如果双方家属自愿给死者配阴婚，就不存在损害人格利益的情况。不过，这样的行为，在一个文明、法治的社会中，是违背公序良俗和伦理道德的，只是没有明文的法律规定可以进行制裁、处罚而已。

当然，这里还存在一种情况，就是法律对死者家属和近亲属的界定，是包含了多个身份的，而且同一序列中的人在权利上是平等的。

比如配偶、父母、子女，在对死者人格权的保护中是享有同等权利的。那如果只是一个人或者部分人同意配阴婚，其他家属不同意，可能还是涉及侵权的问题。

在关于阴婚的媒体报道和公开的法院裁判文书中，还隐藏了一个重要的信息：配阴婚已经发展成为一种产业链，尸骨甚至活人被明码标价进行售卖，一些人在利益的驱使下，成为职业"盗尸人""鬼媒人"。

2018 年 5 月 11 日，河南省南阳市，两位 60 多岁的老人悄悄走进当地居民家中，短暂交接后，支付了 48000 元，将两具尸体抬上了面包车，连夜驱车赶回他们的老家——河北邯郸。他们将其中一具尸体放在了医院，另一具则以 60000 元的高价卖给了早已接洽好的人家。

两天后，警方将两位老人以及他们背后的团伙抓获。这些人，就是盗尸人，简单转手后就能赚 3 万元的差价。根据裁判文书网公开的信息，他们从河南南阳的盗尸人手中买回多具女尸，拉回邯郸，存放在当地医院停尸房中，之后加价销售给河北邢台、山东德州等地的买家用于配阴婚，以此获利。最终，多人被以侮辱尸体罪判处 10 个月到 1 年 5 个月不等的刑期。其中，主谋还是位惯犯，2015 年就曾被判过刑。

复杂利益链条背后，是人心的暗流涌动。而即便是双方家属自愿的阴婚，在这一习俗掩盖下"彩礼"的财产定性，无论是名义上的"彩礼"，还是买卖尸体、骨灰的费用，都存在法律空白。虽然《尸体出入境和尸体处理的管理规定》明确规定，"严禁进行尸体买卖，严禁利用尸体进行商业性活动"，但一来这个文件的性质只是部门规章，效力没有法律法规高，二来在法律责任上的规定也不明确。这让法律上的监管和处理面临重重困境。

简单来说，对于双方家属自愿的配阴婚，法律上能够干涉和处理的是很有限的，而这背后的社会问题，足够让人深思。

阴婚虽然源于封建迷信思想，但实际上却蕴含着两个层面的矛盾与冲突：一是对逝者哀思的情愫，二是活着的人的自私和贪婪。

本质上，配阴婚的习俗，表达了人们对逝去家属的哀思，是为早逝的家人弥补不能结婚的遗憾，是一种取悦不存在的鬼魂和寻求自我安慰的特殊方式。生而为人，我们能够理解这种感情。

但这一点，却被心术不正之人所利用。2016 年 5 月 12 日，《中国新闻周刊》曾做过调查报道，阴婚市场上出价 15 万元以下甚至连骨头都买不到。逝者也有尊严，为逝者配婚，是对逝者的侮辱，而非尊重。感情本身是难以用金钱去估量的，不法分子却明码标价消费在世亲属的遗憾。

然而，配阴婚是有了需求才有市场，最可怕的不是职业盗尸人、鬼媒人这类被利益驱使的人，而是那些以弥补遗憾为名，在封建迷信思想的裹挟下，把怨天尤人、包办婚姻、物化女性的私欲和认知，从生前带到死去的可怜之人。如何摒弃陋习，从根源上遏制和杜绝阴婚陋习？最关键的，还是改变认知。

我曾经看过一部电影，《寻梦环游记》。影片中提到，人的一生一共要经历三次死亡：第一次是心脏停止跳动，属于生理上的死亡；第二次是在葬礼上，宣告一个人永远离开人世；第三次，是这个世界上再也没有人记得这个人的存在。

我们惧怕死亡，因为那是一种未知的深渊。但只要活着的人记着，他们就永远不会消失。死亡不是终点，被遗忘才是。

# 11　如何看待"社会性死亡"

2020 年 8 月，一女子在微博发长文，讲述了自己被一男子强奸并被迫做其女朋友的经历，长文公布了男子的多项身份信息，引发广泛关注。男子遭遇汹涌的舆论谴责。随后，男子发微博否认，称自己已完全"社会性死亡"。 2020 年 11 月，某大学一名女生怀疑男同学骚扰自己，在社交平台公开了这名男同学的身份信息，并称要让男同学在自己的朋友圈"社死"，后来查看监控发现是误会，女生道歉。这两起事件，直接推动了"社会性死亡"一词成为网络热词和网络事件。

所谓"社会性死亡"，主要是指在一些网络曝光事件中，在舆论的强力介入下，被曝光者声誉尽毁，甚至遭遇严重的网络暴力。客观而言，社会性死亡并不是新鲜事，只是，在互联网语境下被赋予了新的含义。

不可否认，当个人的合法权益被侵害时，不论是法律层面，还是道德价值层面，侵权者都该受到应有的惩罚。而且有时候，由于种种原因，受害一方并不能及时、有效地保护自己。这种情况下，舆论监督或许就能发挥作用，甚至成为当事人最后关头的救命稻草。

　　"社死"事件频繁发生，其实是受网络舆论环境的影响。毕竟，在自媒体高度发达、信息传播如此便捷的今天，在网络舆论"所向披靡"的大背景下，通过网络曝光让问题得到解决的案例实在是太多了。这在客观上对社会大众形成了一种误导，那就是遇到伤害和侵犯不要担心，只要在网上曝光，引发舆论关注，就可以让对方社会性死亡，受到惩罚和制裁。

　　但是，我们也不能好了伤疤忘了疼，毕竟现在的舆论场，反转太多了，不负责任的言论造成伤害的情况也越来越常见。每个人都应当受到尊重，合法权益都应当受到保护，舆论监督是利器，需要慎用而不是滥用。

　　社会性死亡在法律上的表现，就是一个人遭受严重的负面评价，名誉权受到极大伤害，会引发两种类型的法律后果。

　　一是这个人确实道德败坏，甚至违法犯罪，承担法律责任的同时，也受到舆论的谴责。这种情况下，作为舆论的发起者和参与者，是不需要承担责任的，这也是法律可以容忍和许可的范围。

　　另一种是利用舆论侵犯一个人的名誉权，或者由于不当的引导，导致舆论误伤。这种情况下造成的社会性死亡，是可以追究名誉侵权责任的，具体包括民事侵权责任和侮辱、诽谤的治安违法甚至刑事责任。

　　让人遗憾的是，社会性死亡的追责困难重重。有时候是当事人不愿站出来面对，有时候是因为缺乏证据。法律并不能解决所有问题。造成社会性死亡的根本原因，在于一些人对人性和法律的无知与漠视。

　　社会性死亡对当事人的伤害，往往是难以愈合甚至是毁灭性的。舆论的喧嚣过后，只留下一地鸡毛和伤痕累累的受害者。那些曾经遭遇网络暴力和舆论伤害导致社会性死亡的人，你还记得几个？

# 12　"武术大师"爆火背后有哪些法律风险

2020 年 5 月 17 日，山东的一场民间武术比赛中，自称"浑元形意太极拳掌门人"的马保国，因在 30 秒内被搏击教练王庆民打倒 3 次"一战成名"，他的"年轻人不讲武德""好自为之"等言论也屡遭恶搞剪辑。2020 年 11 月 15 日，马保国首度回应称"远离武林，已回归平静生活"。2020 年 11 月 28 日，人民日报客户端刊发评论《马保国闹剧，该立刻收场了》。11 月 29 日，新浪微博社区管理官方发布公告称，已解散马保国相关的粉丝群。

提起武术，大家脑海里先想到的是什么？李小龙、成龙、霍元甲……相信每个中国人都对武林高手充满了崇拜和敬仰，中国功夫也是中国最早走向世界的颇具文化影响力的元素。

今天，我想跟大家聊聊一位网络上的"武术高人"——马保国先生。经常上网的小伙伴应该知道，马保国自称"浑元形意太极拳掌门人"，功力已到"接化发"的境界，也就是所谓的接劲、化劲、发劲。马老师生动阐释了"天下武功唯快不破"，30 秒内被搏击教练王庆民击倒 3 次。在大家眼里，这完全颠覆了人们印象中光芒闪闪的"掌门人"形象，降低了大众对中国功夫的期待。

在 69 岁的马老师和 50 岁的搏击教练王庆民的切磋中，年龄差是一个客观现实。而一代"大师"30 秒就倒地，这件事本身就充满了戏谑感。马老师在事后解释："传统武术是讲究点到为止的，我没想到他上来就下这么重的手。"

我们假设马老师所言属实。在这场商业演出中，双方事先约定只是进行表演性的切磋，不会真打，没想到主办方出尔反尔。马老师还是很讲武德的，不耍小聪明，抱着虔诚的目的"点到为止"，这才产生了这场令人大跌眼镜的闹剧。

这么一说，原来马老师可能是遭遇了违约。而且，在我们国家的法律中，造成对方人身伤害的免责合同条款是无效的。也就是说，即便切磋之前签了协议约定了"打伤打死概不负责"，那也是无效的，该赔还是要赔的。

近年来，传统武术行业迎来了飞速发展，各类武馆、武校如雨后春笋般繁荣起来。但是在法律法规和监管上还存在真空地带。于是，就出现了假大师、江湖骗子，打着传统武术的名号招摇撞骗。

2020 年 11 月，国家体育总局、中华人民共和国公安部、中华人民共和国民政部、中华人民共和国国家卫生健康委员会、国家市场监督管理总局等五部委联合印发了《关于加强搏击类项目赛事活动安全管理工作的若干意见》。随后，中国武术协会向武术界发出了《关于加强行业自律弘扬武术文化的倡议书》，强调武术行业弘扬社会主义核心价值观，提升武德修养，遵守职业道德，科学、安全、文明习武，强身健体，传递正能量，武术习练者不得以武术拳种、门派名义参加综合格斗、自由搏击等搏击类项目赛事活动，不参加不分项目、性别、年龄、体重级别等不规范赛事活动。监管层的这个动作，对大师们是一种保护，更是对传统武术行业的一种信心和期待。

　　愿闹剧不再。

# 13  医院该不该设置安检

---

2020 年 1 月 20 日，北京朝阳医院发生一起暴力伤医事件，眼科医生陶勇被崔振国持菜刀砍成重伤二级。2021 年 2 月 2 日，北京市第三中级人民法院一审以故意杀人罪判处被告人崔振国死刑，缓期二年执行，剥夺政治权利终身。

---

近年来，恶性伤医事件时有发生。有网友做过简单的统计，仅新闻报道过的，2014 年到 2019 年间，就有 22 位医生惨遭杀害，医生成了严格意义上的高危职业。

这让我们不得不思考：为何在多数伤医事件中，凶手都能够轻而易举把凶器带进医院？医院为何不进行安检，以保障医生和患者的安全？医患之间，是否真的存在不可调和的矛盾？我们又该如何防止恶性伤医事件发生？

伤医是一种必须被重视的社会事件。它本质上属于刑事犯罪，具有偶发性，任何行业、任何地方都有可能发生。我们要具体问题具体分析，不能因为媒体宣传的放大效应，而过分妖魔化一些社会现象。不仅伤医必须严惩，任何伤害他人生命健康的犯罪行为，都必须严厉制裁，让犯罪分子得到应有的惩罚。更重要的是，要从根源上化解矛盾纠纷，预防刑事犯罪。对于一些恶意报复社会的，则需要更深层次的治理和防范。

多起悲剧中，伤人者在医院直接持凶器暴力伤害医护人员，医院到底有没有安检和安保机制？医院为什么不进行安检呢？

事实上，关于医院安检，并非无据可依。2017年，国家卫计委（现国家卫生健康委员会）、公安部、国家中医药管理局制定了《严密防控涉医违法犯罪维护正常医疗秩序的意见》，要求二级以上医院（含妇幼保健院）应当在公安机关指导下，建立应急安保队伍，开展安检工作，安装符合标准要求的监控设备，将加强安检安保措施作为重点举措积极推动。再结合近年来发生的伤医事件，医院安检是有依据可循也是有必要的。

但现实中，为什么就没看到过有几家医院设置安检呢？我总结的原因有以下三个。

第一，医院作为公共服务场所，承担着救死扶伤的责任，人流量较大，设置安检必然对医疗效率产生影响，是要医务人员的安全还是要救人的效率，这是个很矛盾的取舍。

第二，人们去医院看病，本就带着身心的病痛，甚至有时候还是急诊，公众对安检的认知和接受程度也有限。

第三，安检设施设备及人员都具有高度的专业性，费用不菲，这无疑会增加医院的成本和负担。这里引用个数据，市面上一台标准安检机的价格为30万元一台，还不包括维护成本、时间成本。所以，若非强制性规定、有专项经费支持，医院也不会轻易花钱去设置安检系统。

即使有这么多理由，但在生命面前，任何理由都是苍白无力的，医院设立安检有必要而且迫在眉睫。但推行医院安检，除了完善相关人力、物力、财力保障制度，还要加大普及宣传力度，最大程度保障医护人员人身安全。我们也要看到，医院安检对于防止伤医事件来说，治标不治本。

我们需要从根本上防治医患冲突。要明确，医患纠纷和恶性伤医完全是两码事。纠纷是双方的矛盾没及时得到解决，而恶性伤医就是刑事犯罪，没有任何理由可以开脱，必须受到法律的严厉制裁。但是，光有法律的制裁，并不能从根本上解决恶性伤医问题，更为重要的，是从源头上去预防和治理。这一方面需要从预防刑事犯罪的角度去努力；另一方面，也需要把握医患冲突的根源。

近几年，医患纠纷频频见诸报端，相关职能部门也表示：暴力伤医零容忍。但我们静下来仔细想一想，医患关系并非不可调和，矛盾冲突发生是事实，可我们也要看到好的一面：病人受病痛折磨，医生救死扶伤，医患和谐才是主旋律。医患纠纷，暴力伤医，需要医患双方共同努力，职能部门加大监管，社会公众广泛参与。

我认为，医患冲突的根源在于双方信息不对称，出发点不同，导致不理解，继而引发暴力冲突。作为医院方，每一个病人都是他们工作救治的对象，但是医疗资源是有限的，医生在治疗过程中难免程式化，每位病人得到治疗的效果也会因个人状况不同而不同；作为患者一方，关注的重点更在于自己是否得到了医院全力救治。患者希望医生的治疗百分之百成功，不能接受失误甚至失败，不能容忍医生对自己的需求不重视、不满足，情绪激动时，很难理性面对。双方出发点不同，很难互相理解，因此冲突也就产生了。

此前，相关部门也发布文件，联合惩戒医闹，但是这保护的是医护人员及医院的权益和秩序，解决的只是医患其中一方的问题；而另一方面，一些医院和医护人员也存在侵权甚至违法犯罪行为，侵害了患者的合法权益。强化医护人员职业规范，加强对医疗部门的监管，也是解决医患纠纷的重要手段。

患者遭受病痛，医院救死扶伤，双方都有难处和痛苦，应当相互理解，相互尊重，如此才能更好促进医患关系修复和健康发展，法律的约束毕竟只能在特定的情况下发挥作用。而这个作用的发挥，要能促使医患双方产生敬畏，自觉遵守。

有记者采访遭遇医闹、死里逃生的北大眼科医生陶勇："你恨他（伤医患者）吗？你未来可能原谅他吗？"陶勇的回答是："我不能宽恕他，但我并不恨，我能理解。如果选择了把仇恨传递下去，那就变成了第二个他。"

总之，医患问题是个很复杂的问题，每个人的想法、意见都不同，但是全社会最后的诉求是一样的：希望每位医生都能更安全、更放心地在工作岗位上奋斗，每位患者的需求都能得到重视、病情逐渐好转；医生和病人本不应是两个对立的群体。要医务人员的安全还是要救人的效率？这个问题本身就不应该存在。但是在这里，需要重申的是，任何理由都不能成为杀人的借口。

缓解医患矛盾，光靠设置安检机是远远不够的。我们要过的不仅是安检的门，更是心中理性、尊重、理解的门，同时我们也需要法律、制度、人心去推动并开启这扇门。

# 14 淫秽漫画作者被刑拘，哪些法律问题值得关注

2020 年 12 月 23 日，全国扫黄打非办公室通报称，目前 JM 漫画作者蒋某某，已被公安机关刑事拘留，涉嫌制作淫秽物品牟利。若犯罪事实成立，蒋某某能判几年？淫秽漫画背后，有哪些问题应该反思？

12 月 13 日是南京大屠杀死难者国家公祭日。这一天的 10 点 01 分至 10 点 02 分，南京市都会拉响防空警报，同时全城默哀一分钟，以祭奠在南京大屠杀中遇害的 30 余万同胞。但在 2020 年的公祭日前夕，微博热搜里却赫然出现了一则关于淫秽漫画作者 JM（蒋某某）的讨论。

乍一看，国家公祭日和淫秽漫画完全是没有关系的，但 JM 漫画涉及"慰安妇"："慰安妇以被暴力虐待和伤害为荣""高级慰安妇的后代也必须是慰安妇"等内容，激起了公愤。JM 用漫画构建出一个极为荒诞、夸张的淫秽世界，强奸、性暴力、威胁成了漫画里的主要内容。蒋某某的漫画以淫乱为荣，漫画里不仅有文字描述，更有清晰的配图。在其淫秽表皮下，裹藏着的是暴力血腥、残忍无度、幻想恢复军国主义法西斯的内核。

　　JM 制作、传播淫秽内容，公然侮辱战争受害者，玩弄民族感情，随着事件的发酵，越来越多愤怒的网友自发地曝光、举报、投诉、痛斥 JM 的漫画，甚至有网友收集了几百页的证据。这次，网友的坚持终于得到了反馈。

　　2020 年 12 月 23 日，全国扫黄打非办公室通报称，目前漫画作者蒋某某，已被公安机关刑事拘留，涉嫌构成制作淫秽物品牟利罪。

　　我们国家的《刑法》规定，只要是以牟利为目的，有制作、复制、出版、贩卖、传播淫秽物品的行为，就构成犯罪，最低可判 3 年以下有期徒刑、拘役或者管制，并处罚金，最高可判无期徒刑。根据《最高人民法院关于审理非法出版物刑事案件具体应用法律若干问题的解释》，制作淫秽照片、画片 2500—5000 张以上，或者贩卖淫秽照片、画片 5000—10000 张以上，或者制作、复制、出版、贩卖、传播淫秽物品，获利三万至五万元以上的，就属于情节严重，可处 3—10 年有期徒刑；如果数量或者金额达到情节严重标准的 5 倍以上，就属于情节特别严重，可处 10 年以上有期徒刑或者无期徒刑。

　　警方在 JM 处发现大量淫秽图片和他创作的淫秽漫画，制作贩卖色情淫秽漫画获利超过了 120 万元。如果最终经过法院审判，认定 JM 的犯罪情节达到了情节特别严重的标准，再加上 JM 涉案漫画中令人发指的内容带来的恶劣影响，是很可能处 10 年以上有期徒刑甚至无期徒刑的。

　　这几年，关于小众创作者、兴趣圈和自由创作权利的讨论不少。不可否认，创作者享有自由创作的权利，但我们要知道，没有约束的自由不成其为自由。我们要警惕以"创作自由、言论自由"为幌子，揣着明白装糊涂的别有用心之人。JM 这种不断突破道德底线的人，才是创作自由和言论自由屡屡被质疑的罪魁祸首。创作本身是自由的，传播则要接受法律和公序良俗的考验。创作者不要混淆了两者间的界限，否则，等待他的一定是法律的严惩。

网络漫画作为这几年新兴的传播方式，本质上和传统漫画并无明显区别，但在传播手段上比传统漫画更加高效。轻轻点击"发布作品"的按钮，触达的人群可能是对世界充满了期望的小学生、初中生。如果你有未成年子女，你愿意让他们去看这类淫秽作品吗？淫秽作品不仅严重损害青少年身心健康，而且严重损害社会公序良俗。淫秽作品常见的物化女性、贪图享受、声色犬马等内容，诱发人性深处最贪婪的欲望，像潘多拉魔盒，引导人们一步步堕入罪恶的深渊。不守住法律和道德的底线，终将引火自焚。

# 15　如何看待江歌母亲诉谭斌名誉侵权案

2016 年 11 月 3 日，江歌在日本留学期间遭其室友刘鑫的前男友陈世峰杀害。2017 年 12 月 20 日，陈世峰被日本东京地方裁判所判处有期徒刑 20 年。该案引起了网民的广泛关注和评论。网民谭斌通过其新浪微博账号"Posh-Bin"，发布了一系列与江歌案有关的文章及漫画。江歌母亲江秋莲认为上述文章和漫画对江歌及其本人构成侮辱、诽谤，提起刑事自诉。法院最终以侮辱罪、诽谤罪数罪并罚，判处谭斌有期徒刑一年六个月。

江歌母亲诉谭斌案，是网络名誉侵权入刑的典型案例，具有很强的示范和警示意义。

随着网络和自媒体的发展，网络名誉侵权纠纷发生的概率越来越高，尤以明星、公众人物为高发群体。一直以来，很多人认为，在网上发帖骂人，最多也就是侵害名誉权的民事纠纷，即便起诉到法院，也就是删帖、道歉和赔钱的事儿，而且赔偿的标准也不高。再加上网络侵权取证难，诉讼周期长、成本高，很多人怕麻烦，所以大量的网络名誉侵权最终都不了了之。网络名誉侵权违法成本低，这也是造成一些人有恃无恐的原因之一。

事实上，在我国法律中，网络名誉侵权并不只是删帖、道歉和赔钱那么简单，情节严重的是可能构成侮辱、诽谤罪的，要承担刑事责任。这两个罪名的法定最高刑都是 3 年有期徒刑，只不过，侮辱罪、诽谤罪都是自诉罪名，就是需要被侵权人自己去法院提起刑事自诉，公安机关是不会主动立案处理的。

在这里，我想要说的一点是，网络名誉侵权一旦造成恶劣影响，维权者和侵权者其实都无法全身而退，伤害难以弥补，伤口难以愈合，可以说是损人不利己的。而且网络舆论一旦发酵，是无法控制的，后果不堪设想。网络不是法外之地，每个人都要对自己的言行负责。只有广大网民理性一点，文明一点，网络环境才能更好。

# 16　女演员自曝整容失败鼻尖坏死，如何看待医疗美容

2021 年 2 月 2 日，女演员高某在微博发文，自曝做鼻子整形失败的遭遇。她说，因为这次医美事故，她失去了工作，损失片酬 40 万元，还将面临高额的违约赔偿 200 万元，甚至可能会因此毁容。

所有女生，你们想一想：你每天花多长时间照镜子？每天花多长时间化妆？你嫌弃过自己脸大吗？想过要去整容吗？

是的，在这个"看脸"的时代，几乎没有一个女生觉得自己的容貌是完美的。为了追求"巴掌脸""筷子腿""高、白、瘦"等标准，很多女孩对于美的要求，苛刻到了近乎病态的程度，甚至不惜牺牲自己的身体健康去改变外表。于是，越来越多的人发现，自己有"容貌焦虑"，也有越来越多的人，选择用医美的方式改变容貌。

医美行业繁荣的背后乱象丛生。打开中国裁判文书网，以"医疗美容"为检索词，我们可以发现，2004—2020 年，已公开的医疗美容相关案件的数量，呈现逐年上涨趋势。

女演员高某在网上自曝的整容失败经历，现实中其实并不少见。造成这样的结果，究竟谁该负责？医美行业背后，有哪些潜藏的法律

风险？消费者该如何选择医美项目或医院？在审美观念的不断变化中，我们该如何避免容貌焦虑？

医美的全称叫"医疗美容"，是运用手术、医疗器械等医学技术方法，对人的容貌、人体各部位的形态进行修复与重塑。医美机构和美容机构，虽然只有一字之差，却有着天壤之别。医疗美容机构，对机构资质和医师资质都有着极高的要求。

根据《医疗美容服务管理办法》的规定，医疗美容机构除了要取得工商部门颁发的营业执照和卫生部门颁发的卫生许可证外，还须获得医疗机构职业许可证，并且要在卫生行政部门核定的医疗科目范围内开展医疗服务活动。

对于开展医美活动的医师和护理人员，我国《医疗美容服务管理办法》中也有着明确的规定：美容项目的主诊医师须取得执业医师证，并有一定临床经验；护理人员须取得护士资格证，并具有一定护理工作经历。

同时，美容医疗机构所使用的药品和器械，也都必须符合这些法律的规定。

不管是机构资质、医生资质还是麻醉药品、医疗器械的要求，每一个资质都不可或缺，不具备相关资质的医院，根本无法开展相应的医美项目，当然也不可能配备成熟的麻醉、医务人员。

那么，说回女演员隆鼻手术失败要求追责的事情，究竟谁该负责？

如果在诊疗活动中，因为医护人员错误地使用了医疗器械、填充材料，或者用药选择不当所引起的诊断过失，以及在手术过程中存在失误，如手术不规范、使用有缺陷的药品等情况，导致了患者受到人身损害，首先要去核查医疗机构和医师的资质。如果医疗机构没有隆鼻资质，却进行了隆鼻手术，应当由监管部门负责查处，给予行政处罚。

如果负责手术的医生没有取得医生执业资格，擅自从事医疗活动，造成了演员的容貌损毁，不仅要对女演员承担民事赔偿责任，甚者还可能涉嫌非法行医罪，要追究刑事责任，可以判处3年以上，10年以下的有期徒刑，并处罚金。

当然，民事赔偿一般由医院承担责任，因为医生是职务行为。医院在赔偿后，如果认为医生有故意或者重大过失，可以向医生追偿。

如果是医生有相应的资质，但他所进行的诊疗活动超出了其业务范围，那么这就属于医务人员由于严重不负责任，严重损害了就诊人身体健康的行为，这属于医疗事故罪，可以处3年以下有期徒刑或拘役。

面对潜在的法律风险，消费者该如何选择医美项目或医院？

爱美之心，人皆有之。在选择医美项目和医院时，一定要选择有资质的医院和医师。还要记得在手术前拍照，保留好能显示自身术前情况的相片，既可以作为手术前后对比的依据，一旦发生医疗纠纷也可以作为证据使用。

同时，也要保存好就医资料，包括挂号单、病历、诊断证明、治疗记录、医疗费票据等。其中，病历、诊断证明、治疗记录尽量要求医师签名。一旦发生医疗纠纷，这些材料既可以证明你与医疗美容机构之间的合同关系，又能反映你的情况。

在手术前，需要签订书面的《手术协议书》，里面要写清楚以下内容：第一，要指定项目实施的主诊医师和护理人员、指定项目使用的药品材料；第二，明确出现手术后果不满意、手术失败等医疗责任情况下的处理办法；第三，明确医疗美容机构的责任，如免费修复、损失赔偿等。协议书一定要双方签名盖章，你自己手上要有一份。

　　如果签订协议书后，医疗美容机构变更相应人员、使用不具备资质要求的人员，或者变更手术药品，或者发生手术失败等情况，发生纠纷，你就有充分的证据，来维护自己的合法权益。

　　其实，爱美不是一件坏事，这也是我们生活一点点在变好的证明，变美本身是没有错的。错误的是，医美营销传达着一种"不变美就会人生失败""女人要变漂亮了才完整"的价值观，大肆散播外貌上的焦虑。

# 17　大学生打篮球撞伤横穿球场老人被判免责，这件事要怎么看

武汉中院公布了一起案件，一名老人横穿篮球场时，被正在打球的大学生撞伤，老人把大学生和学校起诉到法院，要求赔偿各类费用 5 万余元。法院二审判决大学生免责。

篮球是一项对抗性很强的体育运动，身体碰撞和对抗在所难免。《民法典》第一千一百七十六条明确规定，自愿参加具有一定风险文体活动时受伤，除非有故意和重大过失，受害人不得请求赔偿。此为"自甘风险"。也就是说，在篮球比赛中，常规动作造成的身体碰撞，是不属于侵权的，一般不要求承担责任。

老人擅自横穿篮球场，虽然不属于《民法典》中自甘风险的规定，但客观上将自己置于危险之中，并导致受伤，法院认定属于自甘风险，不应过度苛责球场上打球的大学生。

这个判决受到了社会的关注和肯定，原因在于判决是非分明，没有和稀泥，而是坚持公平公正，适用了过错与责任相一致原则，认定老人应当自行承担相应的责任。本案具有积极的示范意义。

事实上，在类似的侵权纠纷中，往往存在一种对公平原则的滥用：

认为不管是什么原因，受害一方都应该被同情，另一方多少要承担一些责任。尤其是受害一方属于弱势群体时，"谁老谁有理""谁弱谁有理"这种情况就更明显。这是一种不良的风气，更是法治路上的绊脚石。

法律的公平公正，在于以事实为依据，以法律为准绳。每一个司法案件，每一个生效判决，都是对社会的示范和引导。因此，法院查明事实，如何把握案件结果的法律效果、社会效果，就显得尤为重要。

希望通过这样的判决，让大家能够认识到，每个人都应当对自己的行为负责，在出现侵权纠纷时，决定责任归属的，是事实和法律，是公平和公正，而不是道德绑架和和稀泥。只有这样，整个社会才能够形成公允、向上的价值体系，公平正义才能够得以彰显。

# 18　如何看待偷鸡蛋被拦猝死，家属索赔 38 万元被驳回

2020 年 6 月 13 日下午，江苏南通一名 67 岁老人在超市购物时，在口袋里放了两个鸡蛋未结账便欲离开，超市店员将其拦下询问。交涉未果后，老人边说边走，走到冰柜旁时，突然倒地。随后，超市工作人员立即拨打 110、120 电话。其间，正在超市中购物的两名顾客对老人实施了急救，但最终未能抢救成功。经诊断，老人的死亡原因为心肌梗死。老人家属把超市起诉到法院，要求赔偿各项损失共计 38 万余元，被法院驳回。

这一次，法院的判决没有和稀泥，是值得肯定的。法院判决对公平正义的价值导向，是非常重要的。本案中，法院认定超市工作人员属于"自助行为"很关键。而自助行为是《民法典》中的一个新规，也是一大亮点。

什么是自助行为呢？主要是针对合法权益受到侵害，情况紧迫且不能及时获得国家机关保护，如果不立即采取措施将使其合法权益受到难以弥补的损害的，受害人可以在保护自己合法权益的必要范围内，采取扣留侵权人的财物等合理措施。

在当时的情况下，如果法律不允许超市工作人员拦住偷拿鸡蛋的老人，而等到报警之后由警察处理，很可能就找不到人了。而且这也符合朴素的公平正义的价值观，是合理的。

不过，自助行为并不代表可以动用私刑。《民法典》规定，采取自助行为扣留侵权人财物等合理措施后，要立即报警。如果采取的措施不当造成他人损害，应当承担侵权责任。

在本案中，超市工作人员发现老人偷拿鸡蛋，拦下来要求退还或者支付费用，是正当合理的行为。站在工作人员的角度，他并不知道老人身体状态，而且正常情况下，阻拦行为是不可能导致人猝死的。所以，工作人员不可能预见到会发生这样的事情。如果他没有做出暴力伤害等行为，老人死亡就属于意外事件。并且超市事发后及时采取措施救助，属于尽到了注意义务，老人死亡与超市工作人员的阻拦不存在法律上的因果关系，就无法追究超市责任。

最后，再附上最高人民法院第25批指性导性案例142号的裁判要点，法院对这类案件是有明确的标准的："行为人为了维护因碰撞而受伤害一方的合法权益，劝阻另一方不要离开碰撞现场且没有超过合理限度的，属于合法行为。被劝阻人因自身疾病发生猝死，其近亲属请求行为人承担侵权责任的，人民法院不予支持。"

# 19　明星到底该不该为"漫画腰"挑战一事道歉

一段时间内，"漫画腰"挑战成为风靡社交平台的新项目，参与者不乏一些明星，其中就包括杨幂。有网友指出，这个动作对腰椎伤害很大。2021年3月22日，杨幂发微博就此事道歉。

杨幂发微博对此前晒的"漫画腰"挑战图致歉，粉丝纷纷抱不平：你没错！凭什么要道歉？有人说，质疑杨幂的人，是担心她在贩卖"身材焦虑"。其实我们仔细看看，杨幂微博说的内容是动作的危险性问题。

对这个问题，在情理上，我认为杨幂是一个非常有责任感、非常自律的明星；从法律层面来讲，我觉得杨幂这样做客观上也是保护了自己，可以在一定程度上防范法律风险。

确实，"漫画腰"挑战最开始不是她发起的，而且也不止她一个人这样做了。我不清楚此前的争议到底是因何而起，可能确实有一些无聊之人无端生事，但从杨幂回应的措辞来看，她提到的两个关键点，对于防范自身法律风险，是非常有必要的：一是"今天得知做这个动作如果没有专业老师指导，有可能会对身体有害"；二是道歉，承认自己考虑不周，造成了误解，"希望大家在安全范围内尝试健康的健身、拉伸动作"。

我为什么这么说呢？

大家应该还记得自制爆米花女孩的新闻吧，女孩因为用酒精灯自制爆米花而引发爆炸，后不幸去世。本以为这是一场未成年孩子缺乏安全意识导致的悲剧，应该由他们自己和监护人担责，但是网红"办公室小野"却被卷入，因为女孩的悲剧被指是模仿了小野的视频。虽然小野否认是模仿了她的视频，并且也积极协商和解，但这个事情对小野及其团队的影响是巨大的。

孩子贪玩，本来家长就有监护责任，而且网上那么多自制爆米花的，小野不是第一个，也不止她一个，现有证据也不能直接证明女孩就是模仿她的视频。但因为她是网红，是公众人物，所以就被赋予了更大的责任。

除了办公室小野，动画片《喜羊羊与灰太狼》的制作公司也曾被告上法庭，原因是，江苏几个几岁的孩子，模仿动画剧情做"绑架烤羊"游戏，导致两个孩子严重烧伤。虽然法院判决孩子的监护人自己承担大部分责任，但是仍然判决动画公司承担 15% 的责任，赔了 3.9 万元。

杨幂参与"漫画腰"挑战，与我刚才举的两个例子在严重程度上可能并不相当。严格来讲，成年人应该对自己的行为负责。但假使有人参与"漫画腰"挑战受了伤，非要说是模仿了杨幂的动作，要杨幂承担责任，结果可能还真不好说。证据是一方面，但从法律角度来说，公众人物的影响力，是一把双刃剑。

现在很多短视频里面，稍微高难度或者有危险性的镜头，都要在旁边标注提醒"切勿模仿"，就是这个原因。很多事情一旦在互联网上发酵，被公众注意到，无形中就被赋予了责任。如果能够证明损害结果与危险行为之间有法律上的因果关系，危险行为的传播者即便不会承担主要责任，也有可能要承担一定的次要责任。因为法律除了要明断是非，还需要考虑价值导向。

所以，杨幂的影响力和名气，确实无形中给她增加了一定的负担和责任，她及时在微博公开指出不知道这个动作的危险性，致歉，并倡议大家注意安全，也是尽到了一种提醒义务，一定程度上避免潜在的法律风险，体现了一个公众人物的担当。

希望每个公众人物都能切实自律，注意在自己公众面前的影响，做好表率，保护他人的同时，也是保护自己。

# 20 高校教室不雅视频被泄露，明星聊天记录被曝光，关于隐私权的那些法律问题

2021 年 5 月，网传黑龙江某高校一对男女同学在学校阶梯教室发生性关系，不雅视频被广泛传播。网传视频显示时间为 2021 年 5 月 16 日，视频在拍摄过程中调整了角度和对焦。

在教室发生性关系，是否违法？把包含性行为的监控视频发到网上传播，属于传播淫秽物品吗？擅自把和别人的聊天记录曝光在网上，属于侵犯隐私权吗？把老赖、不喜欢的人的身份证号码之类的信息放到媒体上犯不犯法？隐私权是由哪些要素组成的？

法律上对淫秽色情的定义，全国人大常委会曾经发布过一个决定，具体名称是《全国人民代表大会常务委员会关于惩治走私、制作、贩卖、传播淫秽物品的犯罪分子的决定》，这个决定的第八条是这么描述的：（淫秽物品）是指具体描绘性行为或者露骨宣扬色情的诲淫性的书刊、影片、录像带、录音带、图片及其他淫秽物品。规定还指出，有关人体生理、医学知识的科学著作不是淫秽物品。包含有色情内容的有艺术价值的文学、艺术作品不视为淫秽物品。

　　此外，国家新闻出版署颁布了《关于认定淫秽及色情出版物的暂行规定》和《新闻出版总署关于印发〈关于认定淫秽与色情声讯的暂行规定〉的通知》，对淫秽及色情出版物、声讯进行了定义。

　　简言之，就是会挑动人们的性欲，足以导致普通人腐化堕落，对普通人尤其是未成年人身心健康有毒害，又缺乏艺术价值或者科学价值的出版物，声讯作品，即为淫秽物品。

　　对淫秽物品的审查鉴定，是由新闻出版部门和公安部门执行的，还要制作《淫秽物品审查鉴定书》，有严格的程序要求。那自己拍的，或者别人偷拍的也算淫秽物品吗？

　　我在裁判文书网上找到了这么一个案例，在王某传播淫秽物品一案中，王某将自己与女友拍摄的性爱视频和十余张女友裸照上传至多个色情网站。北京市公安局东城分局经审查认定，上述视频属于淫秽物品。由此可见，即便是个人拍摄制作，也仍然属于淫秽物品的范畴，淫秽物品的鉴定本质在于其内容，而不在于其拍摄方式。

　　那聊天记录算作个人隐私吗？隐私权由哪些要素组成？

　　《民法典》第一千零三十二条规定：隐私是自然人的私人生活安宁和不愿为他人知晓的私密空间、私密活动、私密信息。任何组织或者个人不得以刺探、侵扰、泄露、公开等方式侵害他人的隐私权。

　　按照常理来说，我们的微信聊天内容是不愿意他人知晓的，应当属于个人隐私。所以，如果未经对方允许，你就擅自把你们的聊天记录公开，是侵犯对方隐私权的。

　　在台州项某醒案中，根据行政处罚书显示，男方——张某峰因情感问题发生纠纷，用技术手段恢复女方微信聊天记录，且发至微信朋友圈和女方母亲及女方未婚夫母亲微信，构成侵犯隐私，被行政拘留6日。

　　传播他人隐私，可能涉嫌名誉侵权甚至违法犯罪；公开、散布他人隐私信息，导致对方的私密信息被不特定的公众知晓，继而造成社会评价降低，就构成名誉侵权，应当承担停止侵权、赔礼道歉、赔偿损失等责任。如果情节严重，还可能涉嫌侮辱、诽谤，受害人可以提起刑事自诉，追究刑事责任。

　　《治安管理处罚法》规定：偷窥、偷拍、窃听、散布他人隐私的，处 5 日以下拘留或 500 元以下罚款；情节较重的，处 5 日以上 10 日以下拘留，可以并处 500 元以下罚款。还可能涉嫌侵犯公民个人信息罪，最高可处 7 年有期徒刑。

　　有人调侃，中国的每个网民在网上几乎都等于裸奔，黑市里几十块钱就能买到一个人的所有信息，甚至在视频平台上，我们还能找到公开、专门教如何从网上人肉搜索别人的信息的教程，在可见的未来里，网络隐私权的保护将会成为一个经久不息的命题。

# 21　如何看待杭州民警用辣椒水喷老人眼睛一事

2021 年 5 月 13 日，网传杭州西湖大队转塘中队执勤民警在对交通违法行为进行查纠时行为不当，对路过劝阻的老人喷辣椒水。对此，杭州交警通报指出，已对涉嫌违规使用警械的民警停止执行职务。后杭州交警再通报，对老人违规使用催泪喷射器民警被记大过。通报称事件发生后，西湖大队负责人两次登门，向当事市民致歉，并将做好后续工作。

此事曾在网上引发过激烈讨论。个人认为，这不是老人能不能被喷辣椒水的问题，而是"适不适当"的问题。

我们不应该只看到民警用辣椒水喷老人眼睛这个行为，更要看到民警为什么喷，此前发生了什么。如果一个警察在路上无缘无故、莫名其妙就用辣椒水喷人，那肯定是违法的。

民警对交通违法行为有执法权，可以进行查纠，违法人员应当配合。如果有暴力阻拦等行为，涉嫌妨害公务，轻则可以治安拘留、罚款；重则涉嫌妨害公务罪，要判刑的。

民警在执法过程中可以使用辣椒水，但是在什么情况下使用，是有着严格规定的。根据《人民警察使用警械和武器条例》的规定，人民警察遇到以暴力方法抗拒或者阻碍人民警察依法履行职责、袭击人民警察等情况时，经警告无效，可以使用警械。

具体到本案，老人当时的行为，是否属于暴力抗拒或者阻碍执法，是否属于袭击警察，这个前提要查清楚，这也是此事的关键。在当时的情况下，警察不使用辣椒水是否可以制止老人的行为？如果可以，在没必要的情况下违规使用警械，那肯定是要承担责任的。

法律代表着权威，违法就要承担相应的责任。警察执法权是受法律保护的，但权力也应该受到制约和限制。一码归一码。希望每个人都能敬畏法律、遵守法律，而执法人员除了秉公执法，也要多一些文明和善意。

# 22　"校园贷"该与失信挂钩吗

2020年1月2日，最高人民法院召开新闻发布会，发布《最高人民法院关于在执行工作中进一步强化善意文明执行理念的意见》（以下简称《善意文明执行意见》），规定全日制在校生因"校园贷"纠纷成为被执行人的，一般不得对其采取纳入失信名单或限制消费措施。

最高人民法院最新发布的《善意文明执行意见》这一最新规定引起了质疑：在校大学生已经成年，理应对自己的民事行为承担责任，失信名单和限制消费规定应当一视同仁。法律面前人人平等。如果对在校大学生开了口子，那其他情况呢？老年人是不是也不能纳入失信名单？孕妇要被保护吗？还有很多弱势群体是否要网开一面？

事实上，最高法此次的《善意文明执行意见》并非执法不严"开口子"，而是坚持严格依法、审慎适用的原则，避免因扩大适用、随意适用对当事人合法权益造成损害。

失信名单和限制消费制度实行到现在，确实发挥了很大作用，对失信者的影响和威慑非常大。这对惩戒老赖当然是没问题的，但由于相关规定和制度的不完善，现实中还是造成了不同程度的"误伤"。被误伤者的合法权益要保护，才能体现法律真正的公平和文明，这也是一种救济措施。

最高法新规特指的是"一般情况下"。如果情节确实比较恶劣，属于司法解释规定的应当纳入失信或限制消费的情况，法院肯定也会依法执行的。

我们再回到问题的根本——校园贷上。一方面，不法校园贷利用了大学生律治意识淡薄的弱点，某种程度上对他们的消费观念造成了误导；另一方面，以哄骗、恐吓等手段向学生索取高额利息是违法行为，相关部门存在监管不力的嫌疑。大学生虽然已经成年，但是涉世未深，加之家庭和学校关于理财、消费的教育不够，导致他们存在认知上的盲区和误区，假如未及时引导和制止，可能引发难以估量的严重后果。

打击校园贷还须治本。当前，应当加大对不法校园贷的打击力度，同时，大学生因为校园贷深陷纠纷时，司法机关也要区分情况，对误伤的受害者给予法律救济。当然，对符合相关规定的，还是要纳入失信名单，依法惩戒，确保司法公平、公正。

# 23　P2P 清零之后的路该怎么走

2020 年 11 月 27 日，银保监会首席律师刘福寿在"《财经》年会 2021：预测与战略"大会上演讲时指出："互联网金融风险大幅压降，全国实际运营的 P2P 网贷机构由高峰时期的约 5000 家，逐渐压降到今年 11 月中旬完全归零。"有观点认为，P2P 将正式退出历史舞台。

所有的 P2P 平台全部清零，是否就意味着 P2P 的时代真的彻底结束了？"完全归零"的背后到底蕴含着什么信息？如果 P2P 就此谢幕，还有哪些问题无法根治？

很多人可能不了解什么是 P2P。我举个例子。张三是个生意人，生意的规模很小。受疫情影响，张三的资金链出现了些问题，需要几万块钱。他想找银行贷款，但银行需要提供抵押担保。一听说要抵押，还需要各种证明材料，整个办下来得等好几个月，张三觉得太麻烦了。要不去找亲朋好友借钱吧？可是一通忙碌下来，张三这才发现，平日里称兄道弟看着热闹，真到了要借钱的时候，发现自己根本没有朋友。

这时，李四找上了张三："我认识几个人，他们能把这笔钱借给你。我介绍你们认识，就收点撮合的辛苦费。"为了让出借的人信任张三，李四又对出借的人说："张三是我的好哥们儿，从小知根知底，他要还不上钱，我替你催收，你只管放心拿钱。"

李四的这种商业模式，便是 P2P 的雏形。

其实，P2P 诞生之初，是为了解决像张三这样的中小企业、个体户、贫困家庭贷款难、审批复杂、流程慢的问题。它是由一个人或几个人出资借钱给借款人，不像银行理财需要高额的投资门槛。P2P 模式下，甚至可以 1 块钱起投。之后，P2P 模式遇上互联网＋，犹如干柴遇到烈火，张三在手机上一点，就能在李四的平台上发布需求。李四也不用再费尽心思去寻找张三这样有贷款需求的商户，张三借到了钱，李四赚到了中介费，三方共赢。

听起来无限美好，但事情真的如此简单吗？

2007 年，中国首个 P2P 借贷平台——拍拍贷成立。借款人提供个人详细资料后，平台将对其进行一系列审核和信用等级评估，给予一定授信额度，借款人基于授信额度并借助平台发布的借款标的筹集资金。据统计，2007 年到 2011 年，全国网络借贷平台大约有 50 家，活跃的平台只有不到 10 家，截至 2011 年底月成交额大约为 5 亿元。

2012 年，随着城镇化的快速发展，大量农村人口来到了城市，也带来了一大批流动人口。从社会稳定的角度来说，国家必须鼓励最能吸纳劳动力的中小型企业的发展。而这种时代的新潮流，传统金融业需要一定的时间去适应，P2P 伺机而动，悄悄探出了头。2013 年，P2P 借贷平台数量达到 514 家，同比增长 105.6%。截至 2012 年底，月成交金额达到 30 亿元。

这个时候，已经开始出现个别平台管理粗放、平台倒闭的情况。2013 年初，央视多次报道 P2P 网贷，表明社会开始把网贷当成一个行业看待。但那一年，微信才刚刚兴起，"双十一"还没成为全民狂欢，共享单车的普及更在"遥远的"3年后，"互联网+"还是一个新名词。

由于缺乏行业监管，存在不少法律空白，P2P平台没有像银行那样受到严格监管，可以服务很多银行服务不了的用户。作为一个中间平台，P2P平台不需要向央行缴纳存款准备金，也就意味着它不具备银行那样的兜底能力，客观上存在倒闭、跑路的风险。

在这种情况下，不少投机分子盯上了P2P。他们只需要网上购买一个借贷系统的模板，租一间办公室，就可以上线集资。光2014年一年，P2P平台数量就增长了3.3倍之多。P2P平台里，e租宝可谓一等一的"网红"了。成立不到一年，它就独家冠名京沪高铁e租宝号动车组。别人家的年会都是在酒店，e租宝直接包下了人民大会堂，一副财大气粗的模样。

根据中国经济网报道，2015年9月，e租宝单日成交额达到了3.45亿元，为各P2P平台规模之最。e租宝涉及的用户iD共901294个，累计充值581.75亿元，累计投资745.11亿元，95%的业务都是虚构，压根儿不存在借款人张三。

日中则昃，月满则亏。在一番繁荣的景象下，P2P成了"灰犀牛"。2015年12月3日，公安机关从e租宝深圳分公司带走了40多个人。几天后，e租宝在北京的两处场所被公安机关调查。很快，多地公安机关对e租宝网络金融平台及其关联公司涉嫌犯罪问题立案侦查。2017年9月12日，北京一中院公开宣判e租宝案：涉案公司被判罚金近20亿元，两名主犯被判处无期徒刑，罚金分别为1亿元、7000万元，另外24人分别被判处3到15年不等的有期徒刑。

e租宝"爆雷"，在P2P行业引起了恐慌，越来越多的P2P公司应声倒地。相关数据显示，2016年，出现提现困难、经侦介入、跑路、延期兑付、网站关闭等问题的P2P平台多达566家，平均每个月就有47

家 P2P 公司爆雷。2016 年 8 月，第一个 P2P 借贷行业国家监管政策出台。北京互金整治办要求各机构于 2018 年 10 月 15 日前完成自查。巅峰时期多达 5000 多家的 P2P 公司，截至 2018 年底仅剩下 509 家。

随着普惠金融的推广，P2P 平台的生意没那么好做了。银行纷纷推出小微贷款业务。张三不再需要找李四借钱了，银行的利率比李四低，而且过程公开、透明，线上也能申请。

P2P 网贷最后一次大规模登上新闻头条，可能是爱钱进、网利宝等平台的爆雷事件。这些平台由于涉及明星及公众人物的代言，引发了舆论的热议，再一次给大家科普了公众人物广告代言的法律风险。

说到这里，我们可以发现，P2P 正式退出历史舞台并不意味着 P2P 行业的终结。更准确地说，它表明的只是监管层对 P2P 网贷的明令禁止和取缔，只是数量和形式上的清零，是国家对 P2P 网贷风险的重视并重拳出击，这也意味着这个市场将被进一步规范。要彻底解决 P2P 网贷带来的问题和已经造成的危害，还有很长的路要走。

随后被推上风口浪尖的蛋壳公寓，像极了它的老前辈 P2P。这个行业已经暴露出来的问题，以及尚在潜伏中的危机，不该被轻视。e 租宝案判决生效之后，北京一中院于 2020 年 1 月 8 日发布了 e 租宝案首次资金清退公告。e 租宝非法敛财集资 500 多亿元。据媒体报道，以追回最少 100 亿元计算，可用于返还受害者的资金比例至少为 20%。

严厉的法律制裁和部分资金的清退，也算是给了受害者和社会一个交代，而惨痛的损失和教训，最终只能由受害者自己承担。如果不是国家介入整治，后果将不堪设想。

爆雷的又何止 e 租宝一家？遭受损失的，又何止 e 租宝平台的受害者？伴随着监管层的整顿清退乃至全面清零，不管是已经爆雷的还是没爆雷的 P2P 平台，接下来都可能面临不同程度的法律问题。怎样最大限度地保障自身资金安全，是每个用户都关心的问题。好在监管层意识到问题的严重性，并采取措施保障平台有序清退。

有人提到，P2P 俨然成了金融诈骗、非法集资、圈钱的代名词，只留下了心碎的人们和一地鸡毛。其实，P2P 本质上并没有错，有错的是不法分子，是法律制度和监管上的不完善。

P2P 用惨痛的代价使人们被动地提高了风险意识。相关数据显示，2020 年，中国企业 500 强中，482 家非银企业的收入利润率为 3.10%，P2P 用比企业利润率高出四五倍的噱头吸引投资者，这本就是不正常的行为，投资者在这个阶段就应该提高警惕。然而 P2P 公司牢牢抓住了投资者的贪念，承诺"保本保息"，降低投资者的疑虑。从人性的角度而言，老百姓们是不能接受金融产品的风险性的，刚性兑付的产品在市场中会更受投资者的追捧。

在后 P2P 时代，一些新的变化开始出现：P2P 的部分业务已不知不觉融入了其他金融产品中；部分银行开通中小企业快速贷款通道；P2P 公司曾经引以为傲的"审核快，放款迅速"的优势，也出现在了相对保守的银行业内；互联网巨头们也推出了旗下的金融贷款类业务，基于用户真实消费、收入经营数据去预测、评估借款人的偿还能力，显然比 P2P 模式中约等于"裸泳"的信用监管体系更为保险、稳妥。

我们不能把这种变化视作因祸得福，因为还有很多受害者的损失无法挽回，不少投资者面临的风险仍未消除。但至少，踩过坑之后，我们的社会在一点点进步。监管层目前的动作，仍不能确保万无一失。用户自身要积极采取法律措施维权，相关部门也要责无旁贷地牵起头来，不要让手无寸铁的投资者淹没在金融市场的大浪中。

# 24 公众人物广告代言的法律问题

2020 年，某著名主持人因为所代言的 P2P 产品"爆雷"，被卷入舆论的风口浪尖，随后该主持人公开道歉。而类似的事情，在很多公众人物身上都曾发生过。

《中华人民共和国广告法》（以下简称《广告法》）第三十八条规定，广告代言人在广告中对商品、服务作推荐、证明，应当依据事实，符合本法和有关法律、行政法规规定，并不得为其未使用过的商品或者未接受过的服务作推荐、证明。

关系消费者生命健康的商品或者服务的虚假广告，造成消费者损害的，其广告经营者、广告发布者、广告代言人应当与广告主承担连带责任。关系生命健康的商品或服务以外的商品、服务，如果代言人明知或者应知是虚假广告，造成消费者损害的，也需要承担连带责任。

主持人代言 P2P 平台爆雷一事，大家比较关心代言人是不是一定有责任？不一定。我们需要明确哪段时间的广告是虚假宣传，还要判定代言人在这个过程中有无明知和应知的情况。代言人明知或者应知是虚假宣传，仍然代言，并造成消费者损失，那就需要承担连带责任。

所以，代言须谨慎，公众人物应当做好风险评估和防控，赚钱事小，摊上事儿了影响就大了。

如果广告商有欺诈行为，或者代言产品表面上看不出问题，代言人囿于客观情况确实无法甄别，又或者产品或服务一开始没问题，但是代言期间或者代言之后出了问题，这些情况下要代言人承担责任，是不是太不公平了？

《广告法》对代言人的责任做了明确：一是诚信义务，就是要基于事实，不能给没使用过的产品、服务做代言；二是审慎义务，就是不能在明知或者应知是虚假广告的情况下还去做代言。如果违反了上述规定，给消费者造成了损害，那么市场监管部门除了可以没收代言人的违法所得，还可以处违法所得 1—2 倍的罚款，消费者还有权要求代言人与广告主承担连带赔偿责任。

那么，怎样的广告才是虚假广告呢？对此，《广告法》也作出了明确：一是商品或者服务不存在；二是关于商品的一些实质性信息、对商品或服务有关的允诺信息与实际不符，对购买行为有实质性影响；三是使用虚构、伪造或者无法验证的信息来做证明材料；四是虚构使用商品或者服务的效果；五是以虚假或者引人误解的内容欺骗、误导消费者的其他情况。

所以，对于公众人物代言造成消费者损失的问题，应当具体问题具体分析。一些理财类的 App，代言人在代言前要了解它的真实情况，包括老板是谁、运行的模式、消费者使用时存在怎样的风险等，还需要亲自下载、注册、使用，了解使用情况。如果在代言时确实了解、使用过产品，而且不知道是虚假宣传，那么代言人一般是不需要承担责任的。只不过在道德层面，代言人可能要承受一些舆论压力。

2021 年 6 月 1 日，银保监会副主席梁涛在新闻发布会上表示，对已立案的网贷机构，追缴明星代言费。这就涉及另一个层面的法律责任，它不同于《广告法》中关于明星代言的几种没收违法所得和并处罚款的情况，而是这些网贷机构本身就是违法的，违法所得属于赃款，需要追缴。所以，如果公众人物代言的 P2P 产品出了问题被立案，那么代言费也要被追缴。

　　总之，公众人物被卷入 P2P 爆雷中，确实是令人头疼的问题，相信曾经做过这类代言的人也后悔莫及。作为公众人物，在选择代言的时候一定要做好风险防控，因为背负着千千万万人的信任和支持，不能肆意挥霍和践踏。如果因为自己不重视甚至明知有问题仍然不拒绝、不退出，后果就只能由自己承担了。

# 25　巫师财经"退站"风波背后的法与理

--------------------------------------------------

2020 年 6 月 14 日，视频创作者"巫师财经"发布一则视频，宣布未来将退出"B 站"。而随后，B 站官方发布声明，称巫师财经的行为违反了双方的长期内容合作协议，属于单方违约，感到"十分震惊和遗憾"，并希望巫师财经撤回退站声明，否则将提出起诉，并将对其账号作冻结处理。此后，双方分别再度发声，打口水战，对是否签订协议各执一词。巫师财经称，B 站曾强行转账一笔标注为合作款的款项，并拒绝收取退款，试图伪造协议已签署的既定事实。

--------------------------------------------------

巫师财经和 B 站之间的这场风波，包含三个方面的法律问题。

第一，巫师财经签字返回合同后，合同何时生效的问题。

这要看 B 站提供给巫师财经的合同文本的具体性质：如果双方已经磋商好合同内容，巫师财经在合同上签字并返还 B 站后，B 站签字盖章，合同就成立了；如果合同是 B 站草拟的有待与和巫师财经磋商的文本，那么这个合同只是要约邀请，要看巫师财经有没有修改内容，由 B 站审核修改，确认之后再次返回巫师财经，再来一轮签字，经过这个过程后该文本才能成为合同。所以，合同到底生没生效，还有待双方举证证明。

第二，巫师财经撤回签字是否有效的问题。

结合对第一点的分析，如果双方签署的是已经磋商好的合同，巫师财经必须在 B 站签字之前撤回签字，才是有效的。如果巫师财经通知到达时，B 站已经完成了签字，那么此时合同已经成立了，巫师财经的撤回就属于违约；如果 B 站没有签字，则撤回有效。一般大公司的合同审批流程都比较长，所以巫师财经撤回签字时合同到底是什么进展还不得而知，需要 B 站举证。

第三，B 站为什么要强行给巫师财经打款？

我们看到，巫师财经在回应中称 B 站强行打了一笔不能原路退回的款项，这是为何？原因很简单，一方面是为了留人；另一方面，B 站其实是为了形成合同已经履行的事实，这样即便是没有签字，这个合同已经生效而且在履行，巫师财经撤回合同就是违约。

当然，以上三个问题还不足以覆盖这场纠纷的全部，这场纠纷难免会成为一场烦琐的诉讼。

B 站和巫师财经之间的纠纷，还反映出自媒体平台和内容创作者之间关系的现状。

平台要有流量、有更长远的发展，就必然要留住头部创作者。平台之间的竞争，某种意义上也是对创作者的争夺。平台一方面要通过协议合同捆绑住创作者，比如约定天价违约金；另一方面，更重要的是，要给创作者真心跟随的理由，这其实是创作者愿不愿意、值不值得留下的问题。

不过，平台的竞争和发展，对于创作者来说是好事，毕竟多了选择的机会。归根结底，平台和创作者之间是共生的关系，怎么处理好矛盾纠纷，是非常有讲究的。

# 26　遭遇"杀猪盘"如何维权

北京的张女士在世纪佳缘网站邂逅了自称在银行上班的杨先生。在随后的聊天中，这位杨先生引导张女士投资，在一个链接上购买数字货币，并表示跟着他买，可以稳赚不赔。就这样，张女士先后转给杨先生824万元，而网上显示的数千万元的钱根本取不出来，杨先生也失去了联系。

张女士遭遇的是典型的"杀猪盘"。

所谓杀猪盘，说得直白一点，其实就是打着爱情的幌子，做诈骗的事。简单来说，就是指诈骗分子骗你钱之前，先假装和你谈恋爱。

在获得受害者的信任之后，诈骗分子，也可以称为"屠夫"，便会诱导受害者掏钱，通常是在某个平台上投资。多数情况下，受害人会小额投入几笔，屠夫会通过后台操作让他们先小赚一些。等受害人尝到甜头之后，屠夫开始部署"猎杀行动"。受害人想要提现的时候，才意识到竹篮打水一场空，投进去的钱都提不出来了。

等受害者意识到事有蹊跷的时候，屠夫早就带着一大笔钱跑路了。人财两空的受害者，这才反应过来，自己是上当受骗了。不同于其他骗局的"短平快"，杀猪盘一般都是放长线，"养肥猪"，养得越久，诈骗的金额越大。

那么，遭遇杀猪盘该如何维权？相关平台有没有责任？

第一，我们要知道，杀猪盘是一种诈骗行为，诈骗金额达到一定的标准就涉嫌诈骗罪。具体的金额，不同省份的标准不同，一般在3000—10000元不等。

根据《刑法》规定，犯诈骗罪，最低刑期是3年以下有期徒刑、拘役或者管制，并处或者单处罚金，最高可处无期徒刑。不幸遭遇杀猪盘，一定要保存和收集相关证据，第一时间报警，以便司法机关及时介入，对犯罪分子追究刑事责任，并追回损失。

第二，由于杀猪盘诈骗方式隐蔽，在定性上有一定困难，除了报警追究刑事责任，还可以尝试以合同纠纷等向法院提起民事诉讼。

第三，据媒体报道，杀猪盘很多时候会通过一些网站、平台来实施诈骗。在这个过程中，根据《网络安全法》的规定，如果平台没有尽到信息审核义务，在发现或者接到相关投诉举报后，没有及时采取措施核实和处置，比如对违法违规账号进行封禁、冻结等，造成损失，平台也要承担相应的民事责任，监管部门也可以依法对平台进行处罚。

总之，杀猪盘这种新的诈骗手段，大家一定要注意防范。不论何时都要提醒自己，在网络上不要轻信任何人，要拒绝"低成本，高回报"的投资诱惑。

# 27　公益组织监管该何去何从

---

　　2020 年 1 月 13 日，贵州女大学生吴花燕因病去世，年仅 24 岁。此前，媒体报道称，一个名为"中华少年儿童慈善协助基金会 9958 救助中心"的公益组织曾主动联系，并在吴花燕及家人不知情、未同意的情况下，先后三次公开筹集 100 多万元善款，还明确表示要收取 6% 的手续费。经核实，吴花燕本人生前只收到 2 万元。后中华少年儿童慈善救助基金会官方回应，确认筹款 1004977.28 元、拨付 2 万元，并表示因为吴花燕病情有反复，尚未达到手术条件，余下善款未能拨付至医院。

---

　　募捐 100 多万元，被捐助者直到去世才收到 2 万元，还有媒体报道称这捐款是在被捐助者不知情的情况下募集的，并且公益组织募捐时还明确表示将收取募捐金额的 6% 作为项目执行费。公益组织是不是打着公益的幌子敛财，是很多人都质疑的问题，也是让我感到不寒而栗的地方。事发后，民政局已经约谈了涉事公益组织，并进一步调查了解情况。

　　捐出去的钱到底该属于谁？公益组织的监管该何去何处？

　　天有不测风云，人有旦夕祸福。每个人都有可能遇到困难，公益组织发起募捐，是将公众的善意汇集在一起以帮助被救助者。因此，公众的善意，是基于具体的个案而发，捐的钱也是针对具体的被救助人，属于赠与合同关系，捐款实际上应当属于被救助者个人。公益组织以个案名义募捐，却未及时将善款交予被救助者，是利用个别人博噱头的炒作行为。说得严重点，甚至是一种诈捐行为。

监管部门应当加强管控，公益组织以被救助者名义募集善款，但善款未用于被救助者，被救助者可以要求公益组织承担法律责任，捐款者也可要求退钱。公益一直存在，在新时代下，出现了很多基于互联网生态下公益慈善事业的创新模式。借助互联网的传播扩散效应，"人多力量大"这句话被发挥到极致，成千上万的人在人生最困难的时候得到了强有力的支援和帮助，雪中送炭温暖了整个社会。

众筹平台和互联网公益事业发展越来越快，越来越壮大，如果不加强管理，就可能存在毁灭性的风险。比如，此前德云社成员吴鹤臣在水滴筹的募捐风波，就引发了公众对水滴筹平台的质疑。

公益组织承载的不只是求助者生的希望，还有爱心人士满满的善意。由于法律法规的滞后性，再加上互联网众筹平台快速扩张和发展，必然会导致很多问题处在法律、制度和规则之外的真空地带，比如信息审核、费用监督等方面出现问题，甚至还有变相搭售、业务提成等不规范、违规甚至违法情况发生。最为关键的是，一些以公益为名不法牟利的行为，破坏的不只是众筹平台的管理秩序，更是公众的爱心，伤害人们的善意。

善心一旦被消费，将是对人性的毁灭性打击。

# 28　如何看待90后女生立遗嘱将房产留给闺密

2019年底，上海一名在医院 ICU 做护士的90后女孩，立了一份遗嘱，去世后要将自己的一套房产留给最信任的朋友，唯一的希望就是当自己发生意外时，朋友能够去看看她的父母。

这一则90后女生立遗嘱将房产留给闺密的新闻，引发了热议。有不少人认为，这样去信任一个朋友，风险太大；也有人不解，为何不把房子直接赠送给父母；甚至还有人质疑女生对遗嘱中的赠送房产是否有处分权。

我认为，立遗嘱把房产留给闺密于情于法都没有问题。

一方面，女生立遗嘱把房产留给闺密，在法律上是不存在风险的。女生在遗嘱中提到，希望在自己发生意外时，闺密能够去爸妈家看看他们。这实际上就是一种法律认可的附义务的遗嘱：女生若发生意外去世，房产送给闺密，闺密是需要履行看望女生父母的义务的。否则，经有关单位和个人请求，可以取消她接受遗产的权利。

有网友担心，女生这样立遗嘱，可能会诱发犯罪。这更是无稽之谈了。如果有故意杀害被继承人（立遗嘱人）的行为，杀人者是会丧失继承权的。既是犯罪，还能逃脱法律制裁吗？因此，女生立这样的遗嘱，是有法律保障的。

另一方面，这份遗嘱的社会意义大于法律意义。对闺密的偏见源于个别案例，更来自我们内心深处的不安全感。我们不能因为社会上出现了个别"毒闺密"事件就以偏概全，对人与人之间的关系失去最起码的信任；也不能因为遗嘱把房产送闺密这一行为的反常，就否认它的合法性和合理性；更不能因为偏见，对一个女儿的孝心与爱视而不见。

与其说这是一个有关遗嘱的法律问题，倒不如说它揭示了独生子女家庭赡养父母的社会问题。

不可否认的一个现实情况是，独生子女家庭中，子女对父母的赡养存在更大的风险。其实经济上赡养并不是最重要的问题，对父母的陪伴、关爱才是最稀缺的。尤其是独生子女遭遇不幸，白发人送黑发人时，父母的痛谁人能体会？这个世界上如果能有一个人在她去世后，代她去陪伴、孝敬自己的父母，也算是对遗憾的弥补。或许，一套房子都买不到这样的情谊吧。

随着国家社会保障体系和养老服务体系的健全，老年人的养老问题在客观上得到了极大改善，不管在物质上，还是精神生活上，老年人的需求都能尽可能地被满足。但唯有子女的关爱和陪伴，是无可替代的。如果非要找人替代，女儿生前的闺密，或许是最佳人选吧。

# 29　如何看送醉酒朋友回家被索赔

---

广东东莞，因醉酒男子未告知家中地址，朋友将其送到原住处附近后离开，次日醉酒男子被发现使用铁链自杀身亡。家属起诉后，法院认为朋友未尽安全护送义务，判其承担 5% 责任，赔偿 7 万余元。

---

好心送醉酒朋友回家，朋友自杀了，送人者还得为此承担责任，很多人表示不能理解。

对这件事情，我来讲一些我的看法和疑虑。

首先，新闻中提到的判男子承担责任，是承担 5% 的民事赔偿责任，比例是很小的。

其次，如果在当时的情况下，男子真是尽心尽责送醉酒朋友回家，也有理由相信朋友是安全的，那么朋友自杀，要他承担责任，显然是不合理的。但是，一、二审都判决这名当事人承担赔偿责任，为何媒体在报道时，不把法院判决书中认定的事实和法律适用的具体情况客观地写在新闻稿里，反而只提双方当事人自己的看法？要知道，法院在审判过程中对案件情况的掌握是最全面的，立场也是绝对中立的。出于利益的角度，任何一方当事人必然只看到或者只陈述对自己有利的情况。在这种现实情况下，媒体对案件的报道，不能只是站在爆料一方当事人的角度，而是要尽可能客观、真实地还原事实，这是新闻媒体最基本的职业操守。

关于"同饮者担责"，指的是喝酒直接导致人员伤亡的事件中，没尽到看护责任的同伴要承担赔偿责任。但这个案件中是饮酒者自杀，除了考虑同伴是否尽到看护责任，还要看死者自杀与饮酒行为之间在法律上的因果关系等，责任认定因事而异，不具有绝对性，需要具体案件具体分析。

还有一点，法律事实和客观事实是存在一定差异的。特定情况下，法律认定的事实不一定就是绝对的客观情况，会有出入。但作为既定规则，法律还需要维持基本的秩序。当然，如果法律真的出了问题，那国家也应该直面并积极改进。

总之，我不赞同对同饮者看护责任的滥用，但也在此提醒大家理性看待这一事件。如新闻报道，本案二审已经判决，属于终审判决。我们理解这名男子的心情。如果他仍然不服，可以向检察机关申请提起抗诉，或者申请审判监督，也就是再审。

# 30　粉丝行为该由偶像埋单吗

内地男团 R1SE 队长周震南深陷舆论风波，原因是他的父母被曝是欠了 1.27 亿元不还的"老赖"；但在舆论发酵的过程中，周震南粉丝因为言论的问题意外地上了热搜，而粉丝行为是否会影响偶像形象，引发了网友们的激烈讨论。

粉丝行为该不该由偶像埋单？偶像该如何管理粉丝？父母债务对子女有没有影响？下面就让我们聊一聊周震南有可能面临哪些麻烦事儿。

首先声明一下我个人的一个观点：粉丝维护自己偶像的声誉和形象是可以理解的。追星是每个人应当被尊重的权利，但任何行为都需要建立在道德和法律秩序的基础上。

粉丝行为该不该由偶像埋单？在这次的舆论风波中，一些人认为周震南粉丝的言论令人反感，周震南的口碑也跟着下降了。因此，有人认为粉丝行为该由偶像埋单，还专门提出了"粉籍"的概念。

我先从法律角度来给大家说说偶像该不该为粉丝行为负责的问题。在法律上，不管是偶像还是他们的粉丝，都是独立的个体，法律地位是平等的。正常情况下，偶像的行为跟粉丝没关系，粉丝的行为也不关偶像的事，他们都不用为对方的言行负责。粉丝追星，是一种自发的行为，要做什么是自己的事情。比如，为了买偶像演唱会的门票，一名粉丝去借了高利贷，那偶像自然不用为粉丝们这个行为承担责任，钱还是由粉丝自己去还；再举个例子，粉丝在网上发帖骂跟自己偶像不睦的另一个明星，偶像也不用对这名粉丝的不理智行为负责。

但是以上说法并不是绝对的。在一些特定情况下，偶像要对粉丝行为负责。比如，偶像暗示、引导甚至发动粉丝去骂另一个人，或者让粉丝产生一些过激的言行导致严重后果。这种责任既包括民事责任，也包括刑事责任，在主观上需要是故意、放任或者重大过失。

在周震南舆论风波中，粉丝发表那些言论实际上是一种自发的，为维护偶像而做出的举动。如果周震南没有引导或者指使别人引导粉丝发表那些言论，在法律上，他是不需要对粉丝的言论负责的。但法律之外还有道德，粉丝的言论很可能会对他的舆论形象产生一些负面影响，毕竟"周震南粉丝"前面摆着的是"周震南"三个字。

自古以来，管理粉丝就是一个很难的问题。古人追起星来，可一点也不比现代人差。在汉武帝时期，有一名叫郭解的游侠，行侠仗义，专门惩奸除恶，成为当时名声大噪的人物，民间有不少他的粉丝。

汉武帝元朔二年（公元前127年），朝廷要将各地豪强总家财超过300万钱的财主迁往茂陵居住。郭解家贫，不符合家财300万钱的迁移标准，可迁移名单中却有他的名字。卫青将军替郭解向皇上进言："郭解家贫，不符合迁移的标准。"皇上说："这个郭解竟能使将军替他说话，可见他家不穷。"郭解于是迁移到茂陵。搬家之前，郭解的粉丝们为他筹集了1000余万钱送行。

郭解迁移到关中后，关中的贤人豪杰都争着与他结交。后来，郭解杀了人。被杀者的家人上书告状，又被人杀死在宫门外。武帝听到这消息，就向官吏下令捕捉郭解。郭解逃跑，过了很久才被官府捉到。

后来，轵县有个儒生陪同前来查办郭解案件的官吏闲坐，郭解门客称赞郭解。儒生说："郭解专爱做奸邪犯法的事，怎能说他是贤人呢？"郭解的门客听到这话，就杀了这个儒生，割下他的舌头。官吏以此责问郭解，令他交出凶手，但郭解确实不知道杀人的是谁。杀人凶手始终没查出来。官吏向皇上报告，说郭解无罪。御史大夫公孙弘议论道："郭解以平民身份行侠，玩弄权诈之术，因为小事而杀人，郭解自己虽然不知道，但是这个罪过比他自己杀人还严重。判处郭解大逆不道的罪。"于是就诛杀了郭解的家族。（源自《史记·游侠列传》）

偶像事业的发展离不开粉丝，偶像平时要学会对粉丝进行正面引导。总的原则，就是要用自己的影响力去身体力行社会正能量，给粉丝和社会做好表率。

说起对粉丝的管理，就不得不提到韩国。

韩国的偶像产业发展得相对成熟，有专门接粉丝应援业务的餐馆，餐馆会专门提供贴满偶像贴纸的饭盒、饮料、蛋糕等，这是韩国偶像产业高度商业化的标志。韩国的经纪公司会积极主动地引导粉丝，旗下偶像打歌冲榜时，由经纪公司提前准备好，粉丝只用记住口号加油助威；在本土的演唱会上，经纪公司会提前准备好横幅、会变色的荧光棒，细节方面甚至具体到哪一首歌用哪一根荧光棒。

在这种情况下，偶像对粉丝行为的管理就更有组织性，粉丝应援的效果也更好。这种模式下，偶像对粉丝的操控性更强，风险也就更大，如果不进行严格、规范管理，水能载舟亦能覆舟，偶像很容易自食其果。

相信大家还关心的是，父母欠下那么多钱，对周震南有影响吗？这个问题要从两个层面来看：一个是法律，另一个是道德。

在法律上，父债子偿的说法能不能得到法律支持？

这首先取决于父亲的债务中，儿子有没有共同经营、提供担保，其次，还要考虑儿子继不继承父亲遗产、是不是自愿给父亲还债，又或者父子俩有没有串通转移财产导致无法还债，等等。这些问题的答案，直接决定了周震南会不会受到影响，该不该承担责任。

根据相关公开信息显示，从 2016 年起，周震南父亲周勇共计 11 次被列入失信被执行人名单，累计涉及金额超过 1.27 亿元。周勇名下的公司没有履行法院判决，而被列入失信被执行人名单是因为"有能力履行而不履行""伪造证据妨碍、抗拒执行""违反财产报告制度"等。列入黑名单将会限制贷款、高消费、乘坐高铁飞机等，如果情节严重的话，还可能涉嫌拒执罪等刑事犯罪，周父是有可能要坐牢的，只不过会不会影响到周震南还要具体分析。

聊完法律，我们再聊聊道德。周震南父母陷入的这场欠债风波，背后有很多受害者，而周震南一直以来给公众展示的都是富二代形象。作为偶像，自己赚钱自己享受没有问题，可是如果他的钱都来自他的父母，这对他就非常不利了：父母成了老赖，那么多人遭受了重大损失，身为人子的周震南却享受着富足奢侈的生活，这说明了什么？周震南的麻烦，或许才刚刚开始。

最后，我想说的是，追星是每个人的权利，也应该受到尊重，但一定要理性追星，不能对他人的合法权益和社会公共秩序造成影响。作为偶像艺人，更应该清醒地认识到自己的公众人物身份，谨言慎行。

# 31　如何看待品牌与代言人的关系

2021 年 1 月 19 日，奢侈品牌 Prada 在官方微博正式宣布，已终止与郑爽的所有合作关系。而就在 8 天前的 1 月 11 日，Prada"官宣"郑爽成为其品牌代言人。

Prada 终止与郑爽合作，应该是郑爽身陷"代孕弃养"风波后，遭遇的封杀之一。品牌方终止合作，代言人势必要承受巨大经济损失，这也是明星艺人需要特别重视舆论风评的原因之一。

大家平时应该也能关注到，不管是品牌方还是代言人，出现负面舆论时，都有被终止合作的情况发生。在法律层面，终止合作是解除合同的意思，涉及的法律责任要怎样划分？是不是谁主动提出解约，谁就要承担违约责任呢？

其实，现在的品牌代言模式已经非常成熟了，不管是品牌方还是代言人，是否存在劣迹，已成为一个常规的考量指标。代言合同中一般都会约定，当一方出现违法违规情况、遇到负面舆论等劣迹时，另外一方享有合同解除权，这样就可以避免对方出事时要解约还得赔偿的问题。

近年来品牌片热衷于选择流量艺人做代言人，也其实是有利也有弊的。好处在于，在这个"流量为王"的时代，选择了流量艺人，就意味着品牌方可以获得可观的经济利益；弊端在于，流量艺人口碑并不稳定，让品牌方"翻船"的概率大大增加。

　　所以，在这样的现实下，品牌方在选择代言人时，除了考虑流量和利益，更要注意规避风险；而艺人选择品牌做代言，也要将品牌方的底细摸清楚。如何实现价值最大化，取决于双方是否靠谱。而艺人要想不踩坑，除了要有团队的帮助外，最重要的是靠自律和人品。

# 32　如何看待粉丝"应援"送礼

现实中，粉丝后援会为了自己偶像的面子和受到所谓"照顾"，越来越喜欢下血本，给活动主办方、主持人等送礼。这种不良风气已经开始在娱乐圈蔓延，甚至成了行业"明规则"。

　　粉丝都希望自己的偶像发展得越来越好，并尽自己所能维护偶像的形象和利益，这无可非议。应援礼本身没有问题，错就错在它成了攀比的资本，是以不正当方式给偶像争取利益。当应援送礼从个人情谊行为，异化成粉丝恶性公关的手段，就需要引起人们的警惕。粉丝不受约束、野蛮生长的"爱"，可能会成为不经意间埋下的"雷"，不知什么时候会爆炸，伤害到很多人。

　　目前大家普遍认识到攀比应援礼这种风气是不能助长的，因为它传达的是一种不良的、与主流价值观相悖的价值导向。明星艺人的未来，是无法通过送礼物堆出来的。

　　容易被人们忽略的是，应援送礼可能还存在法律风险。比如，未成年粉丝送贵重的应援礼，由于他们没有自己的收入、对财物的认知还不够，存在家长知情后能否要回的问题，这属于效力待定合同层面的问题；又比如，粉丝给偶像参加的活动的主办方、主持人、相关工作人员送应援礼，如果相关人员收取礼品、财物后存在违规行为，可能涉嫌违法，这问题就大了。

当然，一般情况下，粉丝送应援礼的目的是给偶像多争取一点优待。这是情感上的需求，严格来说还不属于《刑法》中规定的"为他人谋取利益"甚至"不正当利益"，所以可能是不构成行贿罪的。但是如果不严格自律，谁也保不准在哪种情况下，就真的违法了。

总之，送礼并非不可取，但要注意限度和影响。礼轻情意重，关注作品就是对偶像最大的支持和爱了。

# 33　如何看待杭州保姆纵火案受害人家属娶妻生子

　　2017 年 6 月 22 日凌晨 5 点左右，杭州蓝色钱江小区一户人家发生纵火案，一位母亲和三个未成年的孩子不幸遇难，而凶手，竟是家中保姆莫焕晶。失去妻子和三个孩子的林生斌，在互联网上得到了极大的同情、关注和支持。2018 年 9 月 21 日，莫焕晶被执行死刑。2021 年 6 月 30 日，林生斌微博公布生育一个女儿的消息。第二天，林生斌亡妻的哥哥发文疑似回应，并暗指林生斌与岳父母之间存在纠纷。8 月 3 日，杭州警方针对此前网络上反映的林生斌违法犯罪的事情调查情况进行通报。

　　2021 年 6 月 30 日深夜，林生斌在个人微博上公开自己再婚得女的消息，希望能够得到大家的祝福。

　　但他等来的，除了网友的祝福，还有争议、指责甚至谩骂。有人质疑林生斌是在用死去的妻儿打造有情有义的形象，骗取网友的同情，而且在有了新欢之后故意隐瞒，继续利用"人设"赚钱。而亡妻哥哥随后发文公开质问，更让林生斌深陷舆论旋涡。

　　林生斌再婚得女开启新生活，到底有没有错？如果大舅哥所言属实，那么林生斌与岳父岳母之间的纠纷该如何解决，相关财产到底该怎么分配？

根据法律规定，妻子去世后，婚姻关系自动解除，因此林生斌再婚生子是合法的。在情理上，经历家庭重大变故和打击之后，从悲痛的阴影中走出来，开始新生活，这个大家也能理解。但林生斌为何遭到如此多的非议？

我认为，最大的原因，在于林生斌所展示出来的公共形象与他们行为反差过大。按照合理推测，他明明已经恋爱、结婚、生子了，还在靠着深情人设博关注，这造成了关注、信任和支持他的网友在情感上难以接受，有一种被欺骗、被耍的感觉，他被舆论反噬就顺理成章了。

大舅哥发微博公开质问林生斌，隐晦地指出了林生斌和岳父岳母之间的纠纷，但争议的究竟是绿城的赔偿款，还是妻儿的遗产，抑或是其他？这个我们不得而知。不过关于财产的问题，我们可以来分析分析。

有人说，林生斌当初拿到了上亿元的赔偿款，这个我目前还没看到权威的信源。但不管赔了多少，这个钱在法律上不属于遗产的范畴，而是依法可由受害人近亲属主张获得的赔偿款。从法律的规定和杭州中院此前公布的信息来看，有权获得这笔赔偿款的是林生斌和他的岳父、岳母，至于钱怎么分配，先由三人协商，协商不成的话，再由法院判决。

除此之外，还可能存在的争议，就是对妻儿遗产的继承问题。

由于妻子和三个孩子在同一场火灾中去世，难以确定死亡时间的先后顺序。按照法律规定，推定妻子先去世、孩子后去世。配偶、父母和子女同为第一顺位继承人，享有同等的继承权。所以，妻子的财产先由丈夫、三个孩子以及父母继承，他们能获得的份额都是六分之一，而三个孩子的财产只能由父亲继承，外公、外婆不能继承。理论上来讲，林生斌可以获得妻子遗产的三分之二,岳父、岳母的总份额是三分之一。如果在这部分财产分配上有争议,可以向法院起诉。

此后,网络舆论持续发酵,针对林生斌涉嫌违法犯罪的言论愈演愈烈。2021年8月3日,杭州警方通报了调查情况:

1.林生斌未参与策划、实施纵火杀害妻儿;

2."林生斌与保姆有不正常关系""林生斌另有一个4岁的儿子"等均是谣言,造谣者已被公安机关调查;

3.偷税漏税、非法公开募捐、诈捐等情况,相关部门正在调查。

自从林生斌人设崩塌,网上舆论像潮水般汹涌。舆论是一把正义之剑,但也可能是一把杀人的刀。

关于网传的林生斌策划、实施杀害妻儿的言论,确实过了,可能是部分网友"戏精附体"。死刑判决是非常严苛、非常慎重的,尤其是在舆论高度关注、司法技术和审判水平日益提高的情况下,判错一起死刑案件并且顺利执行,是非常困难的。不是说不可能存在冤假错案,而是很难。

很明显,在这场舆论之中,有人在"浑水摸鱼",消费网民情绪,想利用舆论趁乱实现不可告人的目的。

当然,这个通报也并不是说就给林生斌"洗白"了,他仍然存在一些道德上的问题,甚至还不排除违法的嫌疑。

这件事给我们最大的提醒是,面对舆论,尤其是发酵的舆论,我们还是要保持克制和理性,有独立思考的能力和判断,不要被牵着鼻子走。

# 34　基金热背后的法律问题

这两年，"基金"一词不断涌入公众视野，尤其是 90 后的年轻人，可能对基金有着更深刻的体会。

担心有的朋友不理解什么是基金，我在这里做个解释：你自己买股票，那叫炒股，你把钱给专门的公司帮你炒股或者理财就是基金。据相关数据显示，仅 2020 年一年，公开募集的基金规模就增加了三分之一。2021 年年初，某基金公司募集的新基金，最终认购规模为 2398 亿元，而募集的上限一共才 150 亿元。这相当于，消费者想把 2000 多亿元送给一家公司，公司说这实在太多了，要不起，"啪"的一下，又退回去 2000 多亿元。

某著名基金经理还被狂热的粉丝自发组建了后援团，每天微博打榜，刷排名，顶热搜，被迫当上了偶像。"今天蔡经理，明天经理菜"成为一个现象级的问题，这里让我们聊聊基金热背后的法律问题。

## 一、在网络上听博主推荐买的基金亏了，博主是否需要负法律责任呢

2020 年某视频网站，财经区出现了几十位讲基金知识、每天更新、粉丝过万的博主，有个别博主还会指导别人：哪些基金现在买了就赚；哪些基金不能买；跟着他买，准没错。但是，他们在视频结尾还会附上一句"不构成投资建议，投资者自行承担风险"。

说这句话有意义吗？说这句话的目的自然是规避法律风险。因为我们国家的法律法规，对作出投资建议者的资质及相关的法律责任都是有着严格的规定的，盲目做投资建议，是要被处罚的。但是，并不是说了这句话，就能百分百规避责任了。如果实际上已经构成了投资建议，即使说了这句话，那也是不能免责的。

## 二、法律能帮我挽回基金的损失吗

股市连续几天大跌，有不少跑步进入"养基场"的投资者，又连夜哭着跑出了"养基场"。不少小白心里也开始打退堂鼓：万一基金亏光了，基金经理连夜跑路，这只基金都不干了，法律能帮我挽回损失吗？

任何投资都是有风险的，基金经理担不担责，不是看基金亏不亏，而是看他有没有违反法律法规，是否符合工作流程，是否存在过失。如果基金经理在工作中没有违法违规，亏损只是投资风险，在法律层面就无法对他进行追责。反之，如果基金经理违法违规操作，导致亏损，除了要赔偿投资者损失，还会根据实际情况，被监管机构予以行政处罚，甚至被追究刑事责任。

换句话说，买定离手，上了基金的船，除非基金经理自己出现违规操作，否则，后面所有的盈亏都由投资者自行负责。

## 三、网上公然辱骂基金经理，违法吗

2020 年上半年曾有一只非常火爆的基金，不过，半年后开始疯狂下跌，甚至成为基金圈跌幅最大的基金之一。这只基金背后的基金经理，遭遇了网络暴力的围攻。

　　我必须提醒大家，有意见可以提，你可以发表你的评价，但是千万不要上升到人身攻击和名誉诋毁层面。在法治社会，基金经理有责任甚至有罪，自有法律去处罚。即便是被法院判处有罪的人，法律仍然会保护他的基本的人格权利，一码归一码。不要钱亏了，还因为辱骂基金经理招来法律责任，得不偿失。

　　股神巴菲特曾经说过："对大多数从事投资的人来讲，重要的不是知道多少，而是怎么正确地对待自己不明白的东西。只要投资者避免犯错误，他没必要做太多事情。"

　　面对基金的热潮，我们不能说是好是坏，只是我们很难赚到超出自己认知的钱，这个世界有几万种赚钱的方法，偶尔的幸运、暴富都只是暂时的，无论是投资还是人生都需要理性。

# 35　如何看待互联网平台的垄断

2021 年 2 月 2 日，抖音起诉腾讯涉嫌垄断，限制用户分享来自抖音的内容，要求赔偿 9000 万元。当天，腾讯一方迅速回应，说还没收到起诉材料，抖音"指控纯属失实，系恶意构陷"，还要继续起诉对方其他违法违规行为。很快，抖音又发了一个声明来澄清和表态。

互联网公司的效率果然高，一天之内就打了一个半回合的舆论战。这可把着急看热闹的网友忙坏了。

我之前讲到过，互联网公司在法律程序之前，往往会先关注舆论，其原因主要还是维护口碑和增加曝光。这个我就不多做分析了。这里我们来聊一聊，App 禁止分享外站内容，违法违规吗？

首先，我们要搞明白一个问题，互联网平台之间为什么要封杀？道理很简单，双方有竞争关系，需要争夺利益。从抖音起诉腾讯的理由我们可以看到，抖音认为对方构成"滥用市场支配地位，排除、限制竞争的垄断行为"。而说到垄断，我们就不得不提到《中华人民共和国反垄断法》（以下简称《反垄断法》）。

什么情况是垄断行为？《反垄断法》给出的答案是：经营者达成

垄断协议；经营者滥用市场支配地位；具有或者可能具有排除、限制竞争效果的经营者集中。如果互联网平台对竞争对手的封杀，滥用了市场支配地位，那么就可能涉嫌垄断，就是违法行为。

关于市场支配地位，《反垄断法》是这么说的，指经营者在相关市场内具有能够控制商品价格、数量或者其他交易条件，或者能够阻碍、影响其他经营者进入相关市场能力的市场地位。滥用市场支配地位是什么意思呢？就是经营者势力很大，一家独大，大到去仗势欺人，让其他竞争者没法生存，没有公平竞争的机会。

《反垄断法》对滥用市场支配地位的规定比较笼统，所适用的也是所有市场竞争行为。对于互联网平台这种新生事物，在具体适用上还需要细化。2021 年 2 月 7 日，国务院反垄断委员会正式发布的《关于平台经济领域的反垄断指南》，是专门针对互联网平台反垄断的规范性文件。它提出的一些细化的规则和原则，表明国家在处理互联网平台的垄断问题上加强了力度，这可能也是促使抖音起诉的直接原因之一吧。

在此，根据《反垄断法》和这个指南，回答 App 禁止分享站外内容，也就是封杀是否合法合规，就要依靠充分的证据，来解决以下两个问题。

第一，要从这个 App 所占的市场份额、相关市场竞争情况、控制市场的能力、财力和技术条件、其他平台对它在交易上的依赖程度、其他平台进入相关市场的难易程度等方面，来认定这个 App 是不是占有市场支配地位。这个专业性非常强，论证起来也很复杂，咱们就不多说了。

第二，要看禁止分享到底是出于保护用户和消费者的利益、数据安全等正当理由，还是平台故意 "拒绝交易" 或者 "限定交易"。比如，是不是除了分享到这个平台，就没有其他可以分享的替代性平台了。

此外，我们还要看用户对这个平台的依赖程度多高。客观上，这个平台是否属于控制所在领域"必须设施"的角色，扼住了其他平台命运的咽喉？又比如，禁止分享外站内容，客观上构不构成用设置技术障碍的方式，让用户只能选择它。

只有认定了这个平台具有市场支配地位，并且滥用了这个地位，两个方面同时满足，才能认定垄断。

2013年11月的时候，最高人民法院对奇虎360起诉腾讯的案子作出终审判决，认定腾讯公司不具有市场支配地位，也没有滥用市场支配地位。抖音起诉腾讯，已经是7年后的事了，现在的市场情况跟当时有没有不同？现在的法律法规和政策文件更加完善了，审判结果会不会有改变？我们不妨拭目以待。

互联网平台经济模式下，平台对市场的控制能力更强，尤其是技术不断更新，垄断行为造成的伤害和破坏更大，因为现在的平台与我们的日常生活结合得太紧密了。但与此同时，国家反垄断的决心和力度也更大。法律的强制手段和市场优胜劣汰的规律以及平台应对竞争的自救。

反垄断的官司通常是一场漫长的拉锯战，互联网公司为了各自的利益打得不可开交。谁输谁赢，对于消费者来说，不是最重要的，重要的是我们要被尊重，有选择的权利和不受操控、侵害的自主空间。这一切都需要建立在敬畏市场、敬畏法律、敬畏人性的基础之上。

# 36    歌手新歌音乐封面被指抄袭，照片是否存在抄袭之说

2021 年 1 月 28 日，歌手孟佳发行新歌《透明空间》，但单曲封面照片公布后，被网友质疑封面创意疑似抄袭。

孟佳音乐封面图被指抄袭的事情，引发了大家对照片抄袭相关问题的讨论。那么，照片是否存在抄袭之说？我们又该如何界定照片抄袭呢？

《著作权法》第三条规定，受法律保护的作品是指文学、艺术和科学领域内具有独创性并能以一定形式表现的智力成果，包括摄影作品。所以，摄影师拍摄的照片，是受法律保护的。

那么问题来了，别人拍的照片，我未经过允许就拿来用了，这个是侵权，大家都知道。但是，假如我照着别人拍的照片重新拍了一张，摄影师不一样，照片里的人和物品也不一样，构成侵权吗？又或者，大家都去拍同一个风景，刚好我们是先后在同一个角度、现场光线都差不多的情况下拍摄，最终照片看上去差不多，这又是不是抄袭呢？

其实这些疑问，在我们了解了法律关于著作权保护的一些原则和规定后，就迎刃而解了。

受法律保护的作品，一个突出的特点是独创性。所以，像国家的法律法规、单纯的事实消息，还有历法、通用数表、通用表格和公式等等，这些都不属于《著作权法》保护的对象，人人都可以用，不存在侵权的问题。而且法律还规定受《著作权法》保护的对象必须是能以一定形式表现的智力成果，像理论、思想这些东西，原则上也不是法律保护的作品。

弄明白了这个原则，我们再来看照片。我们说照片的抄袭，其实指的是拍摄者去模仿别人拍摄这个照片时使用的一些具有独创性的拍摄方式，比如，拍摄的对象、如何构图、拍摄的角度、光线的设置、摄影的方法，还有快门速度的把握以及一些参数的设定等等。而且，这些要素不是大家拍照的时候通用的或者惯用的。最终形成的照片，是蕴含了摄影师的一些独创性的思想和思考。如果在上面这些方式类同的情况下，你拍了一张跟别人实质性相似的照片，那可能就涉嫌抄袭了。要是原创的摄影师来追责，你可能要承担法律责任。

当然，如果因为巧合拍了跟别人高度相似的照片，你在拍摄之前确实不知情，从法律层面来说，之前的摄影师也不能因为自己的作品表达，就垄断作品内容，限制别人去拍同一个场景。虽然两个摄影师拍的是同一个题材的作品，但如果两个作品都是独立完成并且有独创性，法律上是认定他们都享有独立的著作权的。

原创作品背后蕴含着作者的巨大心血，理应受到尊重。法律也保护作者的知识产权，作者有权获得自己的作品产生的一些利益。现实中，我们不可避免地要去使用、借鉴、模仿别人的原创作品，这不是不可以，但我们要在遵守法律和道德的前提下，对作者给予最基本的尊重，对法律保持最起码的敬畏。

# 37    坐网约车不付钱有什么法律风险

2021 年 6 月，滴滴网约车 CEO 孙枢通报了一组数据，仅 2020 年一年，滴滴乘客未支付的车费总额就达到了 2.79 亿元。

坐网约车不付钱会有哪些法律风险呢？

在滴滴上打过车的朋友都知道，滴滴并未要求乘客在下车时必须支付车费。根据乘客的不同习惯，现实中主要有三种付费的情况：第一种是乘客设置了免密支付，在订单行程结束后自动扣款；第二种乘客先确认车费金额，在车里付了钱再下车；第三种就是下车以后有空了再付钱。我属于第三种。

对于第三种没有及时支付车费的乘客，滴滴会通过 App 消息推送、短信、电话等多种方式提醒。一般情况下，大部分人都会在收到提醒后及时支付。有的人在下次打车时发现有一笔未支付订单，先付钱再打车。但是却有一小部分人，故意不支付车费，也就是俗称的"逃单"。

这个单能逃掉吗？根据滴滴平台的机制，上一笔订单未支付，是打不了车的，一般人也不会为了逃那点车费就不用滴滴打车了。但是这个世界上确实存在一些不按常理出牌的人，就会这么干。

不过，在网约车平台逃单，风险其实很大。

乘客在网约车平台打车，和网约车司机之间形成的是服务合同。司机按照约定把乘客平安送到指定目的地，乘客要支付相应的费用。

　　根据《民法典》规定，乘客不支付车费属于违约行为，司机有权要求乘客支付相应的费用。由于网约车平台对相关信息有详细的记录，可谓证据确凿，司机更加容易通过法律手段追责。

　　如果司机通过诉讼方式维权，法院判决生效后，司机一方可以申请强制执行。乘客若拒不履行，或者故意逃避履行，司机可以申请法院将乘客纳入失信黑名单，限制高消费，乘客将无法乘坐飞机、高铁等；情节严重的，还可能被罚款、拘留甚至追究刑事责任。

　　现实中甚至存在把逃单当生意的人。有一些二手平台商家借用或盗用他人的滴滴账号信息，以虚假投诉的方式获得滴滴优惠券并以此牟利。还有人通过盗用他人的账号信息，收取费用后为其他人提供代叫车服务，最终把打车费用转嫁给司机或平台。这已然成为一条新型的黑色产业链。据媒体报道，男子朱某因恶意投诉2000多名网约车司机获代金券返利，涉嫌诈骗被台州警方刑拘。

　　这里我们需要注意一个问题，滴滴平台会先将乘客未支付的车费垫付给司机。单个乘客欠的车费金额可能并不高，但对于整个平台来说，欠费的乘客多了，垫付的车费就是一笔不小的费用。2020年，滴滴向司机垫付的车费金额接近2.8亿元。根据《民法典》的规定，平台在垫付费用后可向乘客主张支付。

　　不管是司机还是平台，如果要通过诉讼来维权，成本都太高了。滴滴垫付的总金额很大，但是要去打官司，还得一个一个起诉，为了几块钱十几块钱去打个官司，这怎么想也不划算。

　　古人常说："勿以恶小而为之，勿以善小而不为。"作为乘客，我们享受了网约车的便捷服务，除了要履行付款义务，更要以一颗同理心，尊重司机的劳动付出，做个诚实守信的人。

# 38    如何看待花呗、借呗不得向大学生放款

-------------------------------------------------------------

2021 年 3 月 17 日，银保监会官网发布《关于进一步规范大学生互联网消费贷款监督管理工作的通知》（以下简称《通知》）。《通知》由银保监会办公厅、中央网信办秘书局、教育部办公厅、公安部办公厅、人民银行办公厅联合印发，旨在进一步规范大学生互联网消费贷款监督管理。

-------------------------------------------------------------

媒体报道和一些网友对五部委联合印发的《通知》多少有些误读。事实上，出台这个政策的目的，是规范大学生互联网消费贷款业务，而不是禁止；也不是专门针对花呗、借呗，政策覆盖的对象还包括开展这项业务的其他小贷公司。

相应的整改措施就是取消并整顿小贷公司针对大学生的互联网消费贷款业务，把这项业务限制在正规的银行金融机构，并且要求银行加强监管，把控风险。

也就是说，大学生以后依然可以申请互联网消费贷款，合理的需求还是可以满足的，只是没有以前那么容易申请了。而且额度估计会降低，管控会加强，还要纳入征信。大学生目前已经从花呗、借呗这类小贷公司借的钱，要按照原来的规则还款，只不过到期后大学生不

能再向这类小贷公司借款了。

有人批评这项政策一刀切，我倒觉得这也不见得是坏事。此前，针对大学生的互联网消费贷款市场非常混乱，确实存在不少大学生深陷高额债务的情形，甚至发生了违法犯罪的事情。这一方面需要监管部门和司法机关加大整治和处置力度，另一方面更需要从源头上来预防和化解这类问题。大学生的消费观念需要引导和规范，超前消费问题是一个系统性的复杂工程，必须多管齐下。

这次出台的这个政策，也有部分大学生不理解：为什么要这样针对大学生？这就好比，之前允许孩子自主在小卖部赊账，现在家长发现孩子自控能力太差，欠了很多钱，有时候因为还不上，小卖部加收利息，甚至用违法犯罪的手段来要求孩子还钱。现在要治理这个问题，要求小卖部一律不准赊账给孩子。作为孩子，心里肯定不高兴，闹情绪，毕竟以前很容易就能够拿到自己想要的零食玩具，现在没那么方便了。

事实上，大学生虽然已经成年，但是自我保护和风险防范意识是很弱的，再加上普遍没有独立、稳定的收入来源，如果不对其消费行为和观念进行引导和管理，是很容易误入歧途的。这次的政策是由银保监会、中央网信办、教育部、公安部、中国人民银行等五部委联合出台的，是国家层面的统一部署，说明国家下了决心来整顿大学生互联网消费贷款市场。

只是管好小贷公司和银行还不够，毕竟除了互联网贷款，大学生还可以通过其他途径，甚至是非法途径拿到钱。要想从根本上解决大学生消费贷款中存在的问题，还需要加强对大学生消费观念的教育，倡导理性消费、合理消费，给大学生提供在课余时间获得收入的渠道，以满足其合理、正当的需求。

# 39    售卖宠物盲盒是否违法

-------------------------------------------------------------

2021 年 5 月，网传四川成都出现"宠物盲盒"，商家以盲盒的名义，把活体的动物快递给买家。5 月 4 日凌晨，爱心人士在宠物盲盒的发货地成都三联花鸟市场解救了上百只就要被邮寄的小猫、小狗，其中不少已奄奄一息。后中通快递致歉，邮政监管部门介入调查。

-------------------------------------------------------------

宠物盲盒挑战的是人性和法律的双重底线。

首先，商家虽然打着盲盒的幌子，却依然免不了消费欺诈和违约责任。

以盲盒为噱头，消费者打开箱子后不一定能获得自己最想要的宠物，表面看来这的确可以规避虚假宣传的风险。但当我们去深究，我们会发现商家通过各种方式所做的宣传，都在释放一种"物美价廉""捡到宝"的信号。暂且不论宠物的品种，消费者收到的宠物很多都有疾病甚至濒临死亡。欺诈是一方面，不能给消费者提供健康的宠物，本身就是违约。商家要承担违约责任，退货、赔偿损失，消费者还可以涉嫌欺诈为由，要求三倍赔偿。

其次，用活体动物做盲盒，还可能违反《中华人民共和国动物防疫法》的规定。

商家应当承担动物防疫相关责任，做好免疫、消毒、检测、隔离、净化、消灭、无害化处理等动物防疫工作，否则，行政主管部门可要求责令限期改正，最高处 5000 元罚款。动物的运载工具、垫料、包装物、容器等不符合动物防疫要求，最高可处 5 万元罚款。如果造成环境污染或者生态破坏，也要依法追究法律责任。如果开办动物饲养场未取得动物防疫条件合格证，或者进行动物运输备案，最高可处 10 万元罚款。

如果商家因为用活体动物做盲盒造成人畜共患传染病传播、流行，将依法从重给予处分、处罚，严重的还可以对其进行治安处罚甚至追究刑事责任。

对于宠物盲盒，电商平台应当尽到监管义务，及时进行处理，相关部门也应当介入调查处理。在此，我呼吁大家，坚决抵制任何宠物盲盒！对于因此遭受损失的，通过法律途径要求商家承担责任。

# 40　每五人就有一人被骗？聊聊电信诈骗背后的那些事儿

电信诈骗并不新鲜，早在 20 世纪 90 年代就已出现。近几年随着互联网的发展，有越来越猖獗的趋势，诈骗的形式层出不穷，套路更是花样百出。

## 一、骗局是什么样的

这几年比较流行的套路是快递退费或者借贷 App 之类的，还有很出名的"杀猪盘""冒充公检法人员"等等。

这里我要讲一讲我的亲身经历——快递费骗局。快递费骗局隐蔽性极强，骗子会提前掌握你的网购信息，知道你使用了哪家公司的快递服务，然后冒充快递公司给你打电话，说包裹因为他们的原因被弄丢了，他们要承担责任，把费用退给你。这个时候，你可能以为电话那头就是正常的快递员，因为对方所说的信息和你的网购记录是能对上的。

然后套路就开始了。对方请你申请操作，并强调一两分钟就可以搞定，然后通过彩信给你发二维码，让你扫码进入退费界面，输入身份证号码等各种信息。但当你输完信息提交时，系统却提示出错了。

此时对方会让你加腾讯会议或者 QQ 群，要手把手教你操作，让你开启屏幕共享，在会议室或者群里不断给你发二维码，让你验证。

在这个过程中，你的银行账户就开始被大额扣款了，对方此时会表示他们操作错了。为了获取你的信任，他们会发送身份证、工作证等照片（这些当然都不是真实的信息），还会给你转回一部分钱，消除你的不安，然后会以财务快下班了等借口，不断催促你快点操作，让你用多个银行账户、网络支付账户去转账。

我还要提醒大家，很多人可能都有一个误区，自己账上没有钱所以不会有损失。其实并不是你账上有钱才会被骗，即便你没钱，骗子还是可以通过让你操作网贷、信用卡提现等方式，骗走你的钱。

至此，钱就是羊入虎口，一去不复返了。

## 二、电信诈骗的现状

说完了套路，肯定有很多人纳闷儿，为什么听起来这么简单的骗局都会有人被骗呢？

先说我的真实经历。我们在派出所做笔录时，一个小时内就有 3 个年轻人来报案，都是电信诈骗。我将要离开的时候，警察对最后一个小伙子说："你是今天的第六个。"

2016 年 8 月 29 日，清华大学一名教师被人冒充公检法电信诈骗人民币 1800 余万元，明星汤唯也曾爆料被骗 21 万元……

相关数据显示，电信诈骗人员的整体诈骗成功率在 20% 以上，相当于每五个人中就有一个人会上当。公安部 2019 年破获的电信网络诈骗案 20 万起，2020 年破获的达 25.6 万起，一年之内增长了 25%。

凡是掉入电信诈骗陷阱的受害者，描述自己当时的状态，都会用到一个词——着魔。心理学中有一个名词，很好地解释了为什么受害者会陷入着魔的状态，那就是"登门槛效应"。这个词是指一个人一旦答应了他人的一个微不足道的要求，为了想给人留下前后一致的印象，就有可能答应更大的要求。

快递费骗局就是如此。既然都答应了别人的退费请求，就"送佛送到西"，信息都填好了，扫个二维码配合一下别人也没什么，于是就掉入了陷阱。

骗子利用人性中的善去做最恶的事情，极大损害人和人之间的信任。

### 三、钱还要得回来吗

先说答案：电信诈骗能追回来的，很少，破案率低。

尤其是一些新型电信诈骗，犯罪分子的手段十分隐蔽，效率出奇地高。骗子一旦得手就会第一时间将钱款转入其他账户。这个时候，网络交易的便捷就给骗子提供了极大便利。即便能破案，时间也要很久，到时候你的钱可能早被骗子挥霍完了。

如果遭遇电信诈骗，还是有办法补救的，钱第一次被转走时，可以立即拨打110，尝试通过线上停止支付；其次，如果接听到了电信诈骗电话，也可以拨打反诈骗专线96110进行举报。如果使用支付宝等网络平台进行转账，要留意网络平台的反诈骗提醒。在我们报案当天，有几个人都提到在操作过程中接到平台的反欺诈中心语音电话提示，只是没有引起重视。

最后，我想说，电信诈骗的猖獗只是暂时的，艰难也是短暂的。终有一天，阳光会把所有的阴霾扫清，正义自在世间。

# 41　如何看待网红主播偷逃税被处罚

----------------------------------------

　　继明星郑爽因偷逃税被追缴罚款 2.99 亿元后，一众网红主播偷逃税被处罚的消息，令人惊掉了下巴：主播林珊珊被追缴税款、加收滞纳金并处 1 倍罚款共计 2767.25 万元；主播雪梨被追缴税款、加收滞纳金并处 1 倍罚款共计 6555.31 万元；薇娅被追缴税款、加收滞纳金并处罚款共计 13.41 亿元。这是否意味着网红补税潮即将来临？

----------------------------------------

　　不查不知道，一查吓一跳，接二连三的逃税事件被爆出，让人们不禁感慨：网红居然这么赚钱！

　　有多赚钱呢？我们可以从税务机关公布的信息中提炼出一些关键数据：2019—2020 年间，雪梨偷逃个人所得税 3036.95 万元，对应的个人收入是 8445.61 万元；林珊珊偷逃个人所得税 1311.94 万元，对应个人收入 4199.5 万元。注意，这部分金额只是涉及到偷逃税的，还有一部分是依法纳税的。

　　所以，2019 年、2020 这两年里，雪梨的收入应该远远超过 8445.61 万元，而林珊珊也超过 4199.5 万元，二人的平均年收入分别在 4200 万元和 2100 万元以上，日薪分别超过 10 万元、5 万元。

据税务机关公布的数据，"带货一姐"薇娅通过隐匿个人收入、虚构业务转换收入性质虚假申报等方式偷逃税款 6.43 亿元，其他少缴税款 0.6 亿元。这一金额更是突破了人们的想象。即便网络主播之间的收入差别很大，仍可以看出网络主播是高收入职业。

但我们不得不正视这样一个现实：由于网络主播是一个新兴的职业，对这个群体的税收监管还存在一些真空地带。不过好在现在税务机关已经可以通过技术和法律手段，发现和查处网红偷逃税的违法行为。

随着薇娅、雪梨、林珊珊等人偷逃税处理情况的先后公布，网络主播偷逃税的违法手段也浮出水面：通过把个人工资薪金和劳动报酬转为个人独资企业经营所得，进行偷逃税，由专门的人策划、实施并帮助偷逃税。

为什么这样操作就可以偷逃税？主要原因在于，我国个人所得税和个人独资企业所得税税率的计算方式不同。

网红直播带货所得的个人工资薪金、劳动报酬等收入，也就是所谓的综合所得。根据《中华人民共和国个人所得税法》规定，按纳税年度合并计算个人所得税，适用百分之三至百分之四十五的超额累进税率。而按照法律规定，个人独资企业的纳税不适用于《企业所得税法》，不用缴企业所得税，缴纳的是个人经营所得税，税率是 5%—35%，而且是直接核定开票额的 10% 作为应纳税额。整体算下来，个人独资企业的税负非常轻，很多基本就是个位数的税率。

这样算下来，雪梨 8000 多万的收入，如果都按照个人综合所得计税，超过 96 万元的部分是 45%。她一小半的收入都要作为税交给国家；而如果以个人独资企业的名义来纳税，那就低得多了。相对于上亿的收入，缴纳的税款基本可以忽略不计了。这也是他们要铤而走险的原因。

但网络主播们偷逃税的问题，关键不是他们开个人独资企业这件事，而是虚构业务、做假账。他们把个人收入变成个人独资企业收入，在个人独资企业账上过一下，然后堂而皇之地转到个人账户。个人独资企业只是偷逃税的工具而已。

税务机关查处网络主播偷逃税，很大程度上借助了税收大数据，在技术的帮助下，所有的交易、资金往来都会留下痕迹。税收大数据可以汇集所有开发票的信息，税务机关会通过后台对发票数据和其他涉税数据进行全面整合、关联和加工，就像一面"照妖镜"，任你乔装打扮成什么样子，都可以被识别出来，现出原形。有了税收大数据，偷逃税就变得很难了。

根据法律规定，偷逃税者首先面临的是行政处罚，除了补缴税款，还会被收取滞纳金和罚款。这个时候，如果乖乖补缴税款、滞纳金和罚款，是不会被追究刑事责任的。但如果不交钱，或者 5 年内因为偷逃税被行政处罚 2 次以上，可能就要坐牢了。所以，可以预见的是，在税务部门的监管重压和查处警示之下，应该会有一波补税潮。

随着技术手段的进步和法律的不断完善，任何心存侥幸的违法犯罪者，最终都会自食其果。网络主播作为新兴的职业，存在纳税灰色地带，初期没有被监管和查处，不代表以后都不会，侥幸逃过一次，不代表次次"运气"好。流量经济之下，网络主播享受了红利，但更要守住底线，先做好一个纳税人，一旦忘乎所以，后果不堪设想。

刑事犯罪

# 01　向单位饮用水投毒案中的法律问题

--------------------------------------------------------

　　2020 年 10 月 28 日，网传山东乳山市统计局一名在职公务员于某因对干部任用不满意，网购刺激母猪发情用的激素，自 2017 年 8 月开始，通过针管注射进统计局日常喝的大桶水里，致统计局多人身体健康受影响。乳山官方回应，经查实，于某在单位饮用水中投放医用注射液。案件已移送检察机关，正依法查证中，将对涉事人员依法从严查处。

--------------------------------------------------------

　　公务员向单位饮用水投毒之所以令人震惊，是因为这背后隐藏着卑劣、可怕的犯罪动机。而且作案者的身份是公务员，如果此事经司法机关查证属实，那么无疑会极大影响公务员队伍的形象。

　　这一事件给人们带来一种不确定的恐惧感。试想，如果你平时不小心得罪了哪个人，甚至根本不是得不得罪、认不认识的问题，而是这个人心里不舒服，就在你要喝的水里下毒……这种事情想想都让人不寒而栗。

　　在单位饮用水中投毒，如果经过司法机关查证属实，那么涉事人员可能涉嫌投放危险物质罪，这种罪名属于以危险方法危害公共安全罪的一种，是重罪。只要投了毒，就可能判处 3—10 年有期徒刑；如果造成重伤、死亡，是要在 10 年以上、最高死刑的范围内来判刑的。

　　法律的制裁永远都是事后的，不管处多重的刑罚，伤害都已经发生，悲剧都已经酿成。所以，我们要从根本上去预防这类犯罪。一方面，全社会的心理健康教育和干预非常重要。如果每个人都有一个健康的心态，就不会出现那么多极端恶劣事件；另一方面，不为犯罪者开脱，任何理由都不能成为伤害他人和犯罪的借口。

　　总之，法律的归法律，道德的归道德，社会的归社会，希望这个社会少一些恶意和暴戾，也希望人人都有健康的心灵和理性的处事方式，让伤害再少一些。

# 02　曾春亮杀人案背后的问题

2002 年以来，曾春亮曾两次因盗窃罪入狱，累计服刑约 15 年。2020 年 5 月 12 日，曾春亮刑满释放。谁想到，两个月后，他又在 5 天内制造两起命案，致三死一伤。2021 年 1 月 11 日，江西省宜春市中级人民法院做出一审判决，以故意杀人罪、抢劫罪、盗窃罪等罪名，数罪并罚，判处曾春亮死刑，剥夺政治权利终身，并处罚金两万元人民币。经最高人民法院核准，2021 年 12 月 23 日，江西省宜春市中级人民法院依照法定程序对曾春亮执行死刑。

曾春亮的恶行，令人震惊，更让人愤怒，他也因此受到了法律的惩罚。而此前，媒体也报道过多起刚刑满释放又犯罪的案件。这不禁让人怀疑：罪犯服刑改造的有效性到底如何？

《刑法》的功能之一，是惩罚犯罪。一个人犯罪后法院判几年刑，考虑的是罪责刑相适应，是一种犯罪行为对应几年刑期，而不是这个人要在监狱服刑多少年才能改造好。

判刑之后，为了鼓励罪犯积极改造，《刑法》规定了减刑和假释这两种可以提前结束牢狱生活的制度，并且在现实中大量适用减刑，不过假释的适用率很低。

在这种情况下，大多数罪犯是能够获得比较好的改造的。毕竟，没人愿意失去自由。而对于曾春亮这类屡教不改的人，常规的教育改造显然没用，反而因为没有实现有效教育改造，在他们刑满释放后，又造成新的危害和伤害。

那么，对这类罪犯的针对性改造教育，以及他们回归社会后的衔接问题就非常重要了。

我们国家对于刑满释放人员实行安置帮教制度。一方面，帮助罪犯在执行完刑罚后早日回归正常的社会生活；另一方面，关注他们出狱后的思想及生活动态，防止再次发生危害他人和社会的违法犯罪行为。但由于这是一种非强制性的引导、扶助、教育和管理活动，也决定了这项工作的系统性、持续性、繁杂性，绝非一时之功，在现实中的制度构建、人员配备、工作监督、效果评估等方面，都还存在不少的问题。更为重要的是，犯罪具有偶发性，人心亦难测。

# 03    玛莎拉蒂撞宝马案被告人未判决死刑，公平吗

2020 年 11 月 6 日，河南永城玛莎拉蒂撞宝马案一审宣判，肇事司机谭某某被判无期徒刑，同车两人分别被判有期徒刑三年，缓刑三年。两死一伤，这么严重的后果，为何判不了死刑？

2019 年 7 月 3 日晚，河南商丘市一个普通的路口，一辆黑色宝马车停靠在斑马线后等待绿灯，但比绿灯更快来临的，是悲剧。一辆玛莎拉蒂以超过一百迈的速度直击宝马车的车尾，引发宝马车油箱爆炸，车内三名乘客两死一伤，而玛莎拉蒂车内三人送医后没有生命危险。

这起震惊一时的交通事故，被称为"玛莎拉蒂撞宝马"案。本案相比正常的交通事故，自带"热搜体质"。一提到"玛莎拉蒂"这个词，很多人脑海中浮现的可能就是"富二代""纨绔子弟""权势滔天"这样的字眼儿，再下一秒，一个黑恶势力集团首领的形象就出现了，再加上两死一伤的惨况，让人不得不对判决结果有了很高的期许。

492 天后，司机谭某某被判无期徒刑，同车两人也分别被判了缓刑。但判决结果大家似乎并不满意，为何谭某某没有被判死刑？

在我们的传统认知里，杀人偿命、欠债还钱是天经地义的事情，

这还是死了两个人啊！此前有人称谭某某 2600 万元"买命"，宣判前一天媒体报道双方民事赔偿达成一致，种种迹象让大家怀疑：有钱真的可以为所欲为吗？法律难道是给有钱人制定的？

我们先不回答为什么，一起来了解一个刑法的原则：罪责刑相适应。张三拿刀把李四捅死了这样一个行为和后果，如果张三是出于杀人的目的，那么他可能会以故意杀人罪被判死刑；如果张三并不是为了杀人，而是失手捅死了对方，可能涉嫌过失致人死亡，就判不了死刑；而如果张三是因为李四挑衅，出于自卫，拿刀捅死了对方，此时可能构成正当防卫，甚至不承担刑事责任。

所以，同样是拿刀捅人，同样是对方被杀死，对于同样的行为和这个行为造成的后果，如果客观情况和主观目的不同，法律责任的认定也是不同的。罪责刑相适应原则，即刑罚的轻重，不仅与罪行的轻重相适应，还要与承担的刑事责任的轻重相适应。

这也是为什么刑事案件除了要看造成的后果，还要查清楚嫌疑人和被告人犯罪时的动机和目的，综合考虑他的主观恶性、社会危害性还有悔罪表现等来做判决。

再回到玛莎拉蒂案。如果你留意媒体关于案件判决情况的报道，你会发现，法官在量刑时，有这样一个表述："鉴于其驾车时处于醉酒状态，主观上不希望也不积极追求危害结果的发生，属于间接故意犯罪，其主观恶性、人身危险性与故意驾车撞人和蓄意危害公共安全的直接故意犯罪有所不同。"

换个大家更能理解的表述，决定谭某某不被判死刑而是无期徒刑的根本原因在于，她因醉驾而导致的危害公共安全属于间接故意，不是成心想撞死人，跟蓄意开车撞人行为的主观恶性、人身危险性不同，在量刑上就要判得相对轻一些。其次才是坦白、花钱赔偿对方、有悔罪表现等量刑情节。

另一方面，本案判决也是遵循了司法实践中法律适用的统一规范。这个时候，我们就不得不提起另外两个极其相似的案件——孙伟铭案和黎景全案。

2008 年 12 月，司机孙伟铭在成都醉驾追尾一辆车后逃逸，超速行驶过程中先后与 4 辆轿车相撞，造成四死一重伤。法院一审判处孙伟铭死刑，孙伟铭上诉，二审改判无期徒刑。

无独有偶，2006 年 9 月，广东佛山司机黎景全醉驾撞倒一对骑自行车的母子后逃逸，快速行驶过程中，车轮被卡在路边花地上。但当村民上前救助和劝阻时，黎景全却加大油门冲撞，最终导致两死一伤的严重后果。法院一审判处黎景全死刑，二审维持原判，但最高法院裁定不核准死刑，发回广东高院重审。最终，黎景全被判处无期徒刑。

孙伟铭案宣判当天，最高人民法院召开新闻发布会，发布了醉酒驾车犯罪法律适用问题指导意见，并将以上两个案件作为典型案例发布。自此，醉驾犯罪案件在全国范围内开始确立统一的法律适用标准和裁判理念：醉酒驾车危害公共安全、造成重大伤亡的，应依法以以危险方法危害公共安全罪定罪，但一般情况下属于间接故意，应该与恶意驾车撞人的直接故意犯罪有区别，并在量刑时酌情考虑醉驾者辨认和控制能力实际有所减弱的情况。

换言之，醉驾危害公共安全撞死人，判死刑的可能性很小。

对比孙伟铭案和黎景全案，玛莎拉蒂女司机谭某某判处无期徒刑也就是有法律依据的。

我们暂且不论网传的"2600 万元"和宣判前媒体报道的"赔偿伤

者 600 万元、死者各 200 万元"这两则消息是真是假。假设谭某某不进行任何赔偿，判决会走向什么结果？

　　这里我要先纠正大家的一个观点，即便谭某某被判了死刑，受害者家属还是可以通过法律手段获得赔偿，这钱该赔的还是要赔。民事赔偿是法定的责任，与刑事责任通常是两码事。民事赔偿和谅解，只是作为判定被告人悔罪态度等的酌定量刑情节，不会对最终判决起决定性作用。

　　也许还有人要说，谭某某赔偿得多，所以没判死刑。但我们对比孙伟铭案和黎景全案，会发现，这种说法并不能站得住脚。

　　孙伟铭家庭条件一般，案发后其家属赔偿被害人经济损失 11.4 万元；黎景全是一名个体运输司机，他的亲属最终赔偿的金额也只有 15 万元。孙伟铭和黎景全并不是非富即贵，也没有支付天价赔偿，但最终法院从死刑改判无期，说明了什么问题？"花钱买命"的说法并不成立，决定刑罚的，是事实和法律。

　　有的网友评论说"无期就是不痛不痒"，更细心的网友还查阅了司法解释，看到"无期徒刑减刑后实际执行不能少于 13 年"就宣称谭某某 13 年后就可以出狱了。

　　其实，这是一种误读。任何人被判无期徒刑，都不可能 13 年就出狱。罪犯减刑，不是买卖，想减就能减。首先，在判决以前关押的时间是不能抵扣的。也就是说，不管减刑减到几年，从被刑事拘留到无期徒刑宣判，这期间被关押的时间都是不算在后续减刑里面的。本案中，谭某某宣判前被关押的一年多时间就不能扣减。一般能判无期徒刑的案件都比较重大复杂，取证过程复杂又谨慎，客观而言，谭某某被关押的期限又会增加。

　　关于减刑的幅度，法律是有明确规定的：无期徒刑执行期间，符合减刑条件，执行 2 年以上，可以减刑。具体规定是，确有悔改表现或者有立功表现的，可以减为 22 年有期徒刑；确有悔改表现并有立功表现的，可以减为 21—22 年有期徒刑；有重大立功表现的，可以减为 20—21 年有期徒刑；确有悔改表现并有重大立功表现的，可以减为 19—20 年有期徒刑。两次减刑间隔不能少于 2 年。

这种表述看起来有些复杂，我们不妨看一看现实的例子，就说说孙伟铭和黎景全被判无期徒刑后的实际执行情况。请注意，以下数据都可以在中国裁判文书网中查阅，全网公开。

孙伟铭是 2008 年 12 月 15 日被刑事拘留的，2009 年 9 月 8 日终审判决无期徒刑，共有 4 次减刑，分别是：2013 年 1 月 23 日减为有期徒刑 18 年，2015 年 2 月 11 日、2016 年 8 月 26 日减刑共计 2 年 7 个月，2019 年 4 月 16 日减刑 8 个月。综合计算，在后续没有新的减刑的情况下，孙伟铭最快能在 2027 年 10 月 23 日出狱，实际被关押的期限将近 19 年。

再来看黎景全。2006 年 9 月 17 日被刑事拘留，2009 年 9 月 8 日终审判决无期徒刑，共有 4 次减刑，分别是：2012 年 6 月 25 日减为有期徒刑 19 年 9 个月，2014 年 12 月减刑 4 个月，2016 年 12 月减 1 年，2019 年 8 月 12 日减刑 8 个月。如果后续没有新的减刑，黎景全最快将在 2030 年 3 月 25 日出狱，实际被关押的期限是 23 年半。

所以，谭某某最终服刑多久，可以参考以上例子。不管是谭某某，还是孙伟铭、黎景全或者其他醉驾酿成悲剧的人，如何赎罪忏悔，是他们自己的态度；死刑立即执行，是受害家属和舆论的态度；而如何权衡法律与情理、规则与事实、公平正义与基本人权，是法律的态度。法律的终极价值，不是罪与罚，而是引导和约束每个人遵守规则、敬畏生命。

# 04 给强奸犯、杀人犯辩护的都是什么样的律师

中国访问学者章莹颖在美国被绑架致死案引发了舆论的广泛关注。2019 年 7 月 18 日，绑架和谋杀章莹颖的凶手布伦特·克里斯滕森被判处终身监禁且不得假释。嫌犯律师在开案陈词中承认嫌犯杀人，但其目的却是为了引出嫌犯有精神方面的问题，从而为嫌犯争取避免死刑的机会。法律为何要赋予犯罪嫌疑人辩护的权利？律师为何要为犯罪嫌疑人进行辩护？

在刑事案件中，被控犯罪的被告人一方通常都要委托辩护律师。可能很多人都在思考这样一个问题：如此穷凶极恶、罪大恶极的人，为什么还有律师愿意为他辩护？为这样的强奸、杀人犯辩护的，都是什么样的律师？这些律师不怕因为给坏人辩护影响自己的职业生涯吗？今天，咱们就来谈谈这个问题。

## 一、刑事辩护权的平等性问题

辩护权是犯罪嫌疑人、被告人在刑事诉讼中享有的一项最基本的权利。一个人，不管罪大恶极还是过失犯罪，不管是好人还是坏人，涉嫌

犯罪后，都享有自我辩护和委托辩护人代为辩护的权利。也就是说，刑事辩护权具有平等性，不因犯罪嫌疑人或被告人的社会评价地位而发生变化。

因此，像章莹颖案嫌犯这样的人，不仅要受到法律严惩，在违法犯罪行为被曝光后，也被推到了道德的审判台，成为众矢之的，可是该嫌犯仍然依法享有辩护权，这是任何组织和个人不能剥夺的基本权利。

## 二、受托为强奸、杀人犯辩护的社会风险

有些犯罪分子给得起高昂的律师费，但是仍然会有律师不为金钱所动。权健案件在当时就成了烫手山芋，律师们避之不及。这个道理其实很容易想通。古人云："男儿死耳，不可为不义屈。"把为坏人做刑事辩护上升到气节和尊严的高度，这虽然有点夸张，但律师接受委托，除了收益，更重要的是要考虑社会风险。

强奸、杀人以及一些其他严重危害社会的犯罪行为，在老百姓心中有着极坏的影响，嫌疑人往往被看作坏人、罪人。辩护律师为坏人做辩护，甚至是无罪辩护，在老百姓朴素的道德观和价值理念里，就是与坏人同流合污的帮凶。不管案件是怎样的结局，辩护律师无疑会落下骂名，失了口碑。这是每一个刑事辩护律师不得不权衡的问题，也就是社会风险，事关名声和前程。

虽然我们知道这有点儿类似于道德绑架，但这种风险，没人敢忽视。试想，被贴上"帮凶""坏人"的标签，会不会是律师职业生涯的一个耻辱？

### 三、给强奸、杀人犯辩护的职业风险

刑事辩护与民事代理的最大区别，就在于辩护人和代理人的职业立场。

民事诉讼代理的权限包括"代为承认、放弃、变更诉讼请求，进行和解，提起反诉或者上诉"中的一种或多种。从性质上来看，民事诉讼代理人与当事人之间是利益统一体，特别授权条件下，代理人的意见就是当事人的意见。简而言之，民事代理人的职责，就是灵活运用各种法律手段，在代理权限范围内，为当事人争取利益。

刑事辩护则不同。《中华人民共和国刑事诉讼法》（以下简称《刑事诉讼法》）第三十七条规定："辩护人的责任是根据事实和法律，提出犯罪嫌疑人、被告人无罪、罪轻或者减轻、免除其刑事责任的材料和意见，维护犯罪嫌疑人、被告人的诉讼权利和其他合法权益。"辩护人的立场首先被限定了，那就是从国家法律层面，根据案件事实，为犯罪嫌疑人、被告人争取减轻或免除刑事责任的机会，以及保障犯罪嫌疑人、被告人的诉讼程序性权利。

这就会引出很多疑问，犯罪分子重金砸出来的辩护人，在犯罪事实清楚、证据确凿的情况下，到底能不能起到实质性作用？律师接这个无罪辩护的活儿，不是置法律法规和职业道德于不顾，昧着良心赚钱吗？到头来，会不会连饭碗也丢了？或者换一种说法，为犯罪分子做辩护时，辩护律师究竟应该秉持一颗公心，严格按照《刑事诉讼法》的规定，在法定范围内进行辩护，还是收了钱，以辩护之名行代理之实？

《刑事诉讼法》和《中华人民共和国律师法》（以下简称《律师法》）等都作出了"辩护律师行使辩护职责，在法庭上发表辩护意见不受法律追究"的规定。这意味着，为了维护被告人的利益，辩护人可以在法庭上大胆发表意见，不用害怕说错话被追究责任。但这个权利不是

无限制的，上述法律同时规定，"发表危害国家安全、恶意诽谤他人、严重扰乱法庭秩序的言论除外"。辩护律师在行使辩护职责的过程中有违法甚至犯罪行为，同样要受到法律制裁。近年来，这类事件也不少，在此就不列举了。这便是为强奸、杀人犯进行刑事辩护的职业风险所在。

综上，关于刑事案件被告人的辩护权问题，我认为值得探讨的地方，更多的还是法律问题之外的风险防控与职业规范，这与被告人的辩护权本身没有冲突。受人之禄，忠人之事。刑辩律师有偿为争议人物辩护，这种委托合同关系，就决定了司法实践中辩护与代理的混同。

只不过，辩护人为争议人物辩护时，大多会在法律允许的地带，尽可能地为被告人争取从轻、减轻甚至免除处罚的处理。我相信，很少有辩护人会为了经济利益，拿自己的饭碗和自由铤而走险。

# 05 张扣扣被执行死刑：为母复仇的快意恩仇，只存在于武侠小说中

1996 年，因为宅基地纠纷问题，张扣扣的母亲汪秀萍被王正军（当年 17 岁）用木棒砸死。当时，张扣扣只有 13 岁。后王正军因涉嫌故意伤害致人死亡罪被判刑 7 年。张扣扣对王正军杀害母亲一事怀恨在心。22 年后（2018 年），张扣扣于除夕当天持刀将王家父子三人全部杀害（致 2 人当场死亡，1 人重伤抢救无效死亡），并将王家长子的汽车烧毁。2019 年 1 月，张扣扣被判处死刑，并于当年 7 月 17 日被执行死刑。

这样一起致三人死亡的杀人案，在网络上却不乏点赞的声音。点赞者认为杀人偿命，天经地义，张扣扣甚至成了尽孝道为母复仇的英雄。还有人认为，此前的司法判决会埋下未来社会隐患爆发的种子，张扣扣的悲剧，是司法判决没有解决好抚平受害人心理创伤的问题。

张扣扣的行为是否值得点赞？

答案当然是否定的。

我国《刑法》的立法目的是惩罚犯罪，保护人民。法律不会鼓励或者纵容任何犯罪。法律面前人人平等。任何人犯罪，在适用法律上

一律平等，不允许任何人有超越法律的特权。

是非善恶，有道德衡量的标准，但更有法律评判的尺度。王正军殴打张扣扣母亲汪秀萍致死，被以故意伤害罪判处 7 年有期徒刑，受到了法律的处罚；张扣扣连杀王正军父子三人，同样不能逃脱法律的制裁。不管是谁，亦不论基于何种理由和心态，杀人就是犯罪，就应当平等地受到处罚。至于王正军为何只被判了 7 年，又为何 3 年后就出狱，此处不再讨论。

正如一些媒体评论的："点赞杀人嫌疑人，看似打着正义的旗号，实则混淆了一个法治社会最基本的是非观。"正义不是个别人或部分人的正义。

司法判决埋下的社会隐患，造就了张扣扣式的英雄，这样的说法正确吗？

某独立时评人指出："中国的刑事政策要求判决应达到抚慰、修复被损坏的社会关系的效果，22 年前的判决没有实现这点，以致两家的仇恨延续至今。"

果真如此吗？

2017 年 2 月 4 日，一则"男子被判离婚后嫉妒法官家庭和睦，用尖刀将其捅死"的新闻引起舆论哗然。被判离婚 21 年后，龙某仍对当初的判决耿耿于怀，并在春节前夕杀害了当时的承办法官傅明生。

这似乎印证了上述某独立时评人的观点："如果不解决好抚平受害人心理创伤的问题，中国的春节就很难祥和、平安。"

但事实是，傅明生法官的判决是合法、合情、合理的。龙某怀恨在心，执意报复，本质上是对法律的无知，缺乏对法律的敬畏之心，观念极端而少有理性之思。

　　据媒体报道，1996 年的王正军案，是两个家庭因琐事产生矛盾，在互相打斗中酿成的悲剧，王正军也因此被判了刑，付出了代价。如果张扣扣及家属对法院判决不服，自然可以依法表达诉求，寻求救济；如果真的存在司法不公，南郑区法院恐怕还不至于只手遮天吧？

　　罪刑法定、罪责刑相适应是《刑法》的原则，《刑法》实现的公平正义，是以事实为依据，以法律为准绳，是弘扬社会正气、惩罚犯罪、保护人民，而不是一味地为了抚慰、修复被损坏的社会关系。凡事从被害人家属的意见出发，解被害人家属之气，报被害人家属之仇，有违法治原则。法律追求公平正义，但不是个人泄愤报复的工具。

　　不从根本上树立对法律的信仰和敬畏，即便司法判决完美到无懈可击，也无法抵挡无知无畏的仇恨和戾气。

　　为母复仇的快意恩仇只存在于武侠小说中，在一个文明的法治社会，法律和理性最终会战胜情感。有人说张扣扣是英雄，但法律不会允许以暴制暴；有人说司法判决的不公埋下了仇恨的种子，然而任何不公都不能成为实施犯罪的理由。张扣扣的孝心让人感动，但方式实为不可取。

　　愿世间不再有张扣扣式的悲剧。

# 06　如何看待网约车女乘客坠车死亡案

------

　　2021 年 2 月 6 日下午，司机周某某通过货拉拉平台接到车某某（女）的搬家订单，于当日 20 时 38 分驾车到达约定地点。因车某某拒绝其付费搬运的建议，再加上等候装车时间长、订单赚钱少，周某某心生不满，出发时并未提醒坐在副驾的车某某系好安全带。途中，周某某擅自偏航，在车某某多次提示下，或不理会或态度恶劣，导致车某某心生恐惧。在车某某把头伸出窗外要求停车、将身体探出车外时，周某某仍未理会，也没有制止或采取制动措施。最终，车某某坠车身亡。2021 年 9 月 10 日，周某某被法院一审判决犯过失致人死亡罪，判处有期徒刑一年，缓刑一年。2022 年 1 月 7 日，本案二审维持原判。

------

　　在本案中，争议最大的就是司机到底该不该被判刑的问题。此外还有，涉嫌过失致人死亡罪的定性，是不是增加了司机在驾驶中的义务？货拉拉平台该承担怎样的责任？本案又给了我们怎样惨痛的教训？

　　在讨论本案中司机的法律责任之前，我们先来看一起发生在广东惠州的乘客中途跳车身亡案。

　　2016 年 5 月 30 日凌晨，被告人马某驾车搭载被害人丁某去吃消夜，途中因购买手表一事与丁某发生争吵。丁某扬言要跳车，但马某未采取刹车减速等有效措施，而是驾车继续行驶，最终丁某打开车门跳下车。马某立即将丁某送医抢救，丁某于 2016 年 6 月 3 日抢救无效死亡。

法院认为，基于以上事实，马某的行为已构成过失致人死亡罪。最终，法院一审以过失致人死亡罪判处马某有期徒刑两年半。

这起案件的情节虽然与货拉拉案有不同之处，但法院的判决中有一个核心观点是可以参考的：在明知乘客有跳车的可能性和危险时，司机没有及时采取停车等紧急有效措施，导致乘客跳车身亡，构成过失致人死亡罪。

了解完这个案子，我们再回过头来看货拉拉案。

根据法院审理查明的事实，事发当晚，在车辆行驶过程中，车某某多次提出车辆偏航，并要求停车，但是司机没有理会，或者语气恶劣表露不满。在车某某起身将身体探出车窗后，司机也没有进行语言或行动上的制止，只是开启双闪灯。那司机的行为构成过失致人死亡吗？

有人指出，在车辆行驶过程中，车某某在副驾驶起身并将身体探出窗外，如果此时司机紧急刹车，会更危险。所以，司机开启双闪灯警示后车的处理方式是恰当的。而且警方通报也明确了，事发时车内没有发生打斗，法医检验也没发现车某某的衣裤存在撕扯破解开线痕迹，体表未发现搏斗抵抗伤，衣裤指甲均未检验出周某某的基因，说明司机没有对车某某做出肢体上的侵害行为。这种情况下，司机不该承担刑事责任。

《刑法》上对过失致人死亡罪的认定，主要考虑这么两个因素。

第一，在当时的情况下，作为司机，是否应当预见自己不去制止或者不及时采取停车等措施，就有可能导致乘客坠车身亡；或者虽然已经意识到有这种危险，但是以为乘客不会跳下去、不会坠车死亡。

第二，司机的过失与乘客的坠亡之间，是否存在刑法上的因果关系。我们国家的法律，要求司机要遵守道路交通安全法律法规，按照操作规范，安全驾驶、文明驾驶，司机有义务保障乘客的安全。在车某某把身体探出车窗时，从安全角度来看，司机确实不能紧急刹车，开双闪的行为也符合规范。

但我们要注意，车某某并不是毫无征兆突然起身的。在此之前，她已经有几次提出汽车偏航，并且两次要求停车。作为司机，周某某没有对乘客的质疑进行及时、友好回应，做到安抚乘客情绪、保障驾驶安全，而且在车某某从车窗探身时，没有通过语言和行动制止。如此看来，他是存在过失的。客观而言，这并不是苛责司机、增加司机义务，恰恰是对一名驾驶人员的基本要求。

结合全案证据，法院认为，周某某作为有多年驾龄的职业司机，未履行安全保障义务和因其先行行为引发的危险防止义务，其过失行为与车某某的坠车死亡结果之间具有《刑法》上的因果关系，构成过失致人死亡罪。

但纵观这件事情的整个过程，司机可能是因为没有赚到付费搬运的服务费，着急接下一单，再加上性格急躁，没有控制好情绪，他在主观上或许并没有伤害这个女孩的意图，没想过要犯罪。我们不应该因为在这件事中有人死亡，就一定给司机判刑，来平息家属的情绪和舆论争议。根据《刑法》规定，过失致人死亡罪可判处 3—7 年有期徒刑，情节较轻可以判 3 年以下有期徒刑。最终，法院综合考虑了周某某的各项量刑情节，作出有期徒刑一年、缓刑一年的判决，也是考虑了案件的社会效果。

在本案中，还有一方当事人的责任不能忽略，那就是货拉拉平台的责任。事发后，货拉拉平台先后两次公开致歉，承认了自身存在的问题并制定了整改方案，相关部门也约谈了货拉拉。此事暴露了货拉拉平台存在的监督管理、应急响应、安全保障以及收益分配等诸多问题。

货拉拉作为平台方，除了要承担司机、车辆入驻信息的审查义务，还要采取技术、管理上的措施，保障服务顺利进行，保障客户财产及人身安全，及时响应用户求助请求，协助用户维权，配合相关部门调查处理。

本案中，涉事车辆未安装音视频监控设备，事发后平台方没有及时获悉事件情况，平台缺乏应急反馈机制，没有建立相关管理规范制度，没有采取有效的防范风险措施，对车某某坠车身亡要承担民事赔偿责任。

从本案中，我们可以看出，货拉拉的这种模式，一方面在保障用户的人身和财产安全方面存在问题，另一方面，收费制度和利益分配机制也存在不合理的地方。司机想多赚钱的心理和用户想省钱的心理本就存在矛盾，而监管、应急机制的空白，让这一矛盾暴露在巨大的风险之中。

我们难以亲身体会司机周某某和车某某在当时的处境。但这一惨痛的教训提醒了我们，尊重体谅他人，做好自身情绪管理，在任何情况下都是非常重要的。而对于人身安全的认知和保障，我们还有很长的路要走。法律的归法律，道德的归道德，愿悲剧不再重演。

# 07　"无差别攻击"的恶性伤人事件到底该怎么预防

2021年5月29日晚，一男子与前妻因感情纠纷，在南京金銮巷开车撞倒前妻与其朋友及一名路人。随后，男子下车持刀捅伤前妻的朋友，又驾驶车辆数次碾轧前妻后开车逃逸，在这过程中又撞伤一名路人。随后男子的行为更加疯狂。他驾车在另外一个路口撞上了一辆车。他下车割伤自己的脖子，被撞司机见状弃车离开。因所驾驶的车辆已无法正常行驶，男子转驾被撞车辆，继续逃逸，在又一个路口，撞上了多辆汽车并撞伤另外两名路人。因其所驾车辆失控撞至路牙无法继续行驶，作案男子即窜入停在现场的一辆宝马牌汽车，后来再次撞上其他车辆。这时，一名热心的路人前来阻止，被男子捅伤。最后，男子被警方抓获并采取刑事强制措施。警方将此案定性为一起突发的恶性杀人案件，犯罪嫌疑人连伤多人，情节恶劣。

在南京这起案件发生前，5月22日，大连，一群遵守交通规则的行人，有序通过红绿灯路口。突然，一辆轿车飞驰而来，临近斑马线，不但不减速，反倒加速，造成五死五伤的惨痛后果。路口的监控完整地记录下了事故过程，还有大量现场影像资料被发布在网上，引发网友热议。经过警方初步调查，这两起案件的凶手作案动机非常相似，均是由于生活不顺而选择报复社会。面对无辜的路人，凶手的行径毫无疑问是一场蓄意的谋杀。值得注意的是，两个凶手最后都没有选择自首。

那我们来聊聊，此类恶性伤人事件发生后，网友们在网上发布的现场视频为何偶尔会被屏蔽，法律会怎么处罚凶手，死者家属该如何索赔，以及如何应对和预防此类案件的发生。

这些年，信息传播效率空前提高，很多重大突发事件会在极短的时间内在网上传播开。一些网友发现，事件现场的视频、图片发到网上之后，很快会被屏蔽。难道是有人想要故意隐瞒真相？

事实上，我们没必要用阴谋论去揣测这一现象。恶性事件的现场影像资料，往往包含了暴力、血腥等不适宜公开传播的画面和内容，而且新闻报道有着严格的法律规定，因为要确保它的真实性和客观性。同时，根据法律规定，网络平台也有义务对用户发布的内容进行监管和处理，发现违规甚至违法内容，要及时进行屏蔽、删除。

更为关键的是，互联网是一个完全公开的平台，受众是不特定的人群，犯罪现场的影像可能会成为宣扬和传授犯罪方法的工具，引发效仿，进而酿成悲剧。

公众有知情权，但是知情权也是有边界的。于情、于理、于法，犯罪细节都是不适合传播的。

纵观近年来发生的类似的恶性伤人案件，其中有一个比较突出的特点——受害者的随机性。凶手伤害的是素不相识的路人，我们称这种伤害行为为"无差别攻击"。意思是，没有明确目标的伤害。发生这种事情，一般有两种情况：一是精神病发作，胡乱伤人；二是心理变态，随意选择伤害目标。

从法律角度来说，这种无差别攻击涉嫌的罪名，取决于凶手作案时的行为。比如，如果是开车撞向人群，可能涉嫌以危险方法危害公共安全罪；在路上拿刀随意砍杀路人，可能涉嫌故意杀人罪；等等。具体还需要结合案情进行认定。而这种行为由于性质严重、社会影响恶劣，通常会被从重处罚。

其中一个不容忽视的问题是，这类案件的凶手，大多精神上或者心理上存在很大问题，才会出现极端、偏激的行为。有时候凶手会因为患有精神病，被认定为限定刑事责任能力或者无刑事责任能力，并可能因此免去承担部分甚至全部刑事责任。

大连案的凶手，据警方调查，是一名职业理发师，因投资失败失去生活信心，产生报复社会心理。

5名无辜的路人，在没有任何征兆的情况下，成为车下的亡魂，留下5个破碎的家庭。大家肯定想问，像大连这起案件，凶手是个穷光蛋，一分钱也赔不起该怎么办？

关于刑事犯罪的民事赔偿，一方面是用凶手自身的财产进行赔偿，另一方面，为了争取从轻量刑，凶手家属也可以代为赔偿。在凶手本人没有财产的情况下，如果家属愿意赔偿，也是可以的。

此外，根据《最高人民法院关于加强和规范人民法院国家司法救助工作的意见》，人民法院在审判、执行工作中，对权利受到侵害无法获得有效赔偿的当事人，符合规定情形的，可以采取一次性辅助救济措施，以解决其生活面临的急迫困难。但这个救助金的标准并不高，以当地全省上一年度职工月平均工资为基准确定，救助金一般不超过

36 个月的月平均工资总额，并且具体数额要根据救助申请人实际遭受的损失、救助申请人有无过错、过错程度，以及救助申请人的经济状况等因素综合确定。具体有多少呢？ 2019 年，最高法公布了一批司法救助的案例，救助金额为 1 万元至 5 万元不等，这个可以作为参考。

由于这类犯罪行为具有偶发性和随意性，想通过某类具体措施来预防，几乎是不可能的。但我们深入思考探究会发现，这其实就是心理问题没有得到及时解决并进一步恶化，出现非常规性的爆发。

这是一个系统的长期性的治理工程：第一，必须强化全民心理健康教育，建立社会心理疏导机制；第二，建立柔性解纷方式，关注人性根源，很多极端事件的发生都是失望与不满积累导致的；第三，强化社会治安，同时注重自我保护，在突然袭击发生时能够第一时间实现他救与自救。

总结一句话，就是要让世界充满爱，没有仇恨，就没有伤害和悲剧。

我们从两起案件中看到了人性的黑暗，同时也看到了人性的光辉：南京新街口，有一位操着南京本地话的"胖哥"一往无前地站了出来，阻止凶手作恶。最后，"南京胖哥"等 10 名群众被认定见义勇为，获得了专门的奖励。

这世界最温暖的是人心，最黑暗的也是人心。法律就是维护社会公平正义、遏制黑暗的最后一道防线。

# 08    如何看待视频网站因盗版视频被查

---

2021 年 2 月 4 日，上海警方通报了"人人影视字幕组因盗版视频被查"的消息。后其负责人梁永平被检察机关提起公诉。经法院审理查明，自 2018 年起，梁永平成立公司，聘请技术、运营人员，开发"人人影视字幕组"网站及客户端，组织翻译人员，从境外网站下载未经授权的影视作品，翻译、制作、上传至相关服务器，通过所经营的"人人影视字幕组"网站及相关客户端向用户提供在线观看和下载服务。共有未授权影视作品 32,824 部，会员数量共计约 683 万，并通过收取会员费、广告费、销售拷贝有未授权影视作品的移动硬盘等方式，非法经营额总计人民币 1200 余万元。2021 年 11 月 22 日，梁永平被以侵犯著作权罪判处有期徒刑 3 年 6 个月，并处罚金人民币 150 万元。

---

人人影视字幕组被查处，是一个令很多用户痛心和惋惜的消息，而它背后的复杂问题，促使我们不得不去思考民间字幕组的未来。

传播盗版影视作品，一方面侵害了版权方的著作权，可能要承担停止侵害、消除影响、赔礼道歉、赔偿损失等民事责任；另一方面，还可能涉嫌犯罪。根据我国《刑法》第二百一十七条的规定，以营利为目的，未经著作权人许可，复制发行其电影、电视等作品，符合违法所得数额在 3 万元以上，或者非法经营数额 5 万元以上，或者复制品数量合计 500 份以上等严重情形，就可以追究刑事责任，依法可以判处 3 年以下有期徒刑或者拘役，并处或者单处罚金；违法所得金额在 15 万元以上，或者非法经营数额达 25 万元以上，或者复制品数量合计 2500 份以上等特别严重情形，可判处 3—7 年有期徒刑，并处罚金。梁永平被判 3 年 6 个月，也是罚当其罪。

事实上，并不是只有我们国家才对传播盗版影视作品的行为进行打击。比如，美国版权法对影视作品的翻译、传播都有严格的保护。2014 年 7 月，20 世纪福克斯与华纳兄弟等影视公司联合起诉了 15 名韩国人，因为他们非法译制并且传播了这些公司名下的影视作品，这些被告每人面临 5 年监禁或 5000 万美元罚款。又比如日本，如果个人在网络上非法上传受版权保护的影视作品，最高将判 10 年刑罚，还可能并处 1000 万日元以下罚款。而且，从网络下载未经授权的影音文件，也可能面临两年以下刑罚或 200 万日元以下的罚款。

平时我们经常能看到，字幕组在影片中标明"该视频非商业用途，仅供交流使用"。其实，这类声明并不能免除盗版的责任。如果没有获得版权方授权，客观上存在侵权甚至犯罪行为，仍然要追究相应的法律责任。

虽然大家可以免费观看字幕组翻译的影视作品，但这与"非法手段牟利"并不矛盾。因为如果要求用户缴纳会员费、收取商家合作的广告费、出售拷贝侵权影视作品的移动硬盘等，仍然属于"以营利为目的"，满足一定条件就涉嫌犯罪。

人人影视字幕组被查处，可能会在短期内对部分用户的观影习惯造成影响，但民间字幕组自身存在的法律风险，必须被正视和解决，未来的发展，也必须步入正轨。比如，可以采用与版权方合作，获得授权或者联合译制等方式，进行转型，等等。

　　身处法治文明时代，我们的社会、我们的言行，就应当受法律的约束。尊重知识产权，提高版权意识，敬畏法治权威，是我们每个人的必修课。

# 09  利用商家漏洞获利20万元被判刑，"薅羊毛"为啥犯法

2019年11月，上海徐汇区人民法院判决了一起诈骗案，大学生徐某某因利用肯德基不同平台之间数据不同步的漏洞，骗取兑换券或取餐码，然后卖了赚钱，还把这种"生财之道"告诉了同学，导致肯德基损失20余万元。最终，徐某某和4名同学被以诈骗罪、传授犯罪方法罪数罪并罚，判处有期徒刑2年6个月到1年3个月不等。

很多人不理解，两个平台数据不同步，系统存在漏洞，明明是肯德基自己的问题，也不是这几名大学生造成的，他们只是利用了现有的规则漏洞。难道只许商家赚钱，不许消费者利用规则"薅羊毛"？

事实上，本案和利用规则"薅羊毛"还真不一样。而且，这样"薅羊毛"，法律风险是很大的。

根据法院审理查明，这几名大学生薅羊毛的方式是：利用肯德基App和微信客户端这两个平台数据不同步的漏洞，在App上用兑换券下单而不支付，然后在微信客户端把兑换券退款，再去App取消未支付的订单或者用兑换券支付，这样可以一分钱不花就获得一个兑换券或者取餐码。而且他们还把这个做成了一个产业，把免费得来的肯德

基套餐产品以低价卖给别人，通过这个来赚钱。

这种方式不同于系统本身有漏洞，因为 App 和微信两个平台上的订单系统都是正常的，兑换券都是能够正常使用和退款的。

举个例子，同一家店有两个营业员，他们工作的柜台离得比较远。大学生在 A 营业员处用一个兑换券预订了一个汉堡，但他告诉营业员："我再看看其他的，兑换券我放你这里，最后再付钱。"营业员 A 给了他一个预付凭证。然后他又到 B 营业员那里，拿着预付凭证说："这个我不想买了，你把兑换券退给我吧。"B 一看，凭证就是自己家开的没错，退吧。接着，他就到 A 那里确认订单，把汉堡拿走了。只不过，他一分钱没花，手里同时多了一张兑换券。而且他还可以把手里的汉堡卖给别人赚点钱，再用那张从 B 那里退的兑换券，重复上面的操作。

那么，大学生从 B 营业员那里获取兑换券的行为是什么性质呢？很明显，是诈骗，利用 A、B 两个营业员之间信息不同步的漏洞，骗走了兑换券。所以，徐某某利用肯德基在不同平台之间数据不同步的漏洞来赚钱，同样也是诈骗。而且他还把这种方法告诉了其他同学，犯了传授犯罪方法罪。

那么，判两年半是不是有点重呢？

根据《刑法》及相关司法解释规定，诈骗数额 5 万元以上属于数额巨大，应当判 3—10 年有期徒刑，并处罚金。同时，传授犯罪方法罪可判 5 年以下有期徒刑，最高可判无期徒刑。法院最终是以诈骗罪和传授犯罪方法罪数罪并罚，并根据被告人的犯罪数额以及自首、退赃等法定从轻处罚情节，才判了 2 年 6 个月，总体来看是从轻判决。

不过，这也不是说以后就不能"薅羊毛"了。商家通过促销手段设置的优惠政策是可以享受的，自己合理消费不会犯法。但千万别动歪脑筋，想着靠薅羊毛发财致富，那就危险了。

# 10　如何看待杭州金钱豹外逃事件

---

　　2021 年 4 月，杭州野生动物世界（以下简称"动物园"）三只未成年金钱豹走失的消息，引发了广泛的关注，后动物园法定代表人张某某等 6 名责任人员被检察机关提起公诉。法院经审理查明，2021 年 4 月 18 日下午至 19 日上午，动物园三名饲养员先后违反操作规定，导致三只在猛兽区繁育场内的亚成体金钱豹经过未锁门的通道并翻越繁育场围墙出逃。事发后，动物园担心遭受经济损失和声誉损失，瞒报此事。在群众报警、舆论广泛关注之后，动物园才承认确有其事，接着便被停业整顿。2021 年 11 月 19 日，法院一审判决张某某等 6 人犯重大责任事故罪，分别判处 2 年至 1 年 2 个月不等有期徒刑，并宣告缓刑。

---

　　杭州金钱豹外逃事件引发了社会的关注，更引起了很多人的恐慌。除了关注外逃金钱豹的搜寻进展，大家还关心涉事动物园及相关负责人员需要承担怎样的法律责任。

　　动物园"瞒豹"的行为，涉嫌违反《中华人民共和国安全生产法》的规定，安全生产监督管理部门可责令限期改正，逾期未改正，可处 2 万—5 万元罚款，并责令停业整顿。如果主要负责人员瞒报，可给予撤职处分；安全生产管理人员瞒报，可暂停或者撤销其与安全生产有关的资格。

如果逃走的金钱豹造成人员伤亡、财产损失或者其他严重后果，可能涉嫌重大责任事故罪。动物园法人、总经理等已被采取刑事强制措施，足以说明事情的严重性。根据《刑法》规定，相关人员可能会被以重大责任事故罪判处 3 年以下有期徒刑或者拘役；如果情节特别恶劣，可处 3 年以上 7 年以下有期徒刑。

而除了行政处罚、刑事责任，根据《民法典》的规定，涉事动物园未尽到野生动物管理责任，若出现伤人事故，除非伤者有故意或者重大过失，否则动物园都应当承担民事赔偿责任。

动物园隐瞒金钱豹逃走的消息，怕引起公众恐慌只是借口，根本原因还在于法律意识淡薄，害怕影响营业收入，置公共安全于不顾，自私自利。近年来一系列类似事件的发生，说明野生动物的管理必须加强。

# 11　如何看待江苏女辅警敲诈案

2021 年 3 月，江苏一名女辅警许某与多名公职人员发生性关系，并借此敲诈，最终被判刑的事情，引爆了舆论。从最开始的自媒体爆料删帖风波，到官方回应 7 名涉案公职人员早已被处理，再到法院回应撤回一审刑事判决书，不管是围观群众，还是法律专业人士，都对本案充满了好奇，质疑声也不绝于耳，讨论的热度居高不下。女辅警一审被以敲诈勒索罪判处有期徒刑 13 年，并处罚金 500 万元；二审改判有期徒刑 7 年，并处罚金 30 万元。

《刑法》中的敲诈勒索，通俗点说，就是威胁一个人拿钱，并且要达到数额较大或者多次敲诈勒索的标准，才能构成犯罪。但是，敲诈勒索罪只看你是不是威胁了别人给你财物，而不管对方做了什么事。比如，张三偷了 100 万元，被李四看到了。李四跟张三说，给我 50 万元，不然我报警抓你。这种情况下，张三犯了盗窃罪，但李四构成敲诈勒索罪。

所以，许某到底构不构成敲诈勒索罪，一方面要看她到底有没有威胁别人给钱，另一方面要看她索要了多少钱。

连云港市中级人民法院认定了这样一个事实：2014 年上半年至 2017 年 11 月，许某通过电话、微信或者工作关系，主动结识朱某某等 7 名已婚公职人员，与对方发生不正当性关系。之后，许某自称怀孕、流产，谎称家人已知情，要找对方闹事，还以到对方工作单位吵闹，或者扬言向对方妻子、孩子学校公开二人关系、向有关机关告发等相要挟，向上述人员索要钱款共计人民币 144.6 万元。许某将所得钱款用于购买房产、汽车、高档化妆品、珠宝首饰以及其他消费等。

从二审法院查明的事实来看，许某跟朱某某等人要钱的理由，包括了家人知道她怀孕、流产，要闹事、公开关系、向有关机关告发。如果朱某某等 7 人确实是因为害怕被揭发，或者担心对方给自己的工作、生活造成不利影响，想要靠掏钱来息事宁人，那么法院认定敲诈勒索是没问题的。

同时，根据最高人民法院、最高人民检察院《关于办理敲诈勒索刑事案件适用法律若干问题的解释》第一条规定：敲诈勒索公私财产价值二千元至五千元以上、三万元至十万元以上、三十万元至五十万元以上，应当分别认定为《刑法》第二百七十四条规定的"数额较大""数额巨大""数额特别巨大"。而本案涉案金额达到 144.6 万元，已经达到"数额特别巨大"的标准了，而且许某敲诈勒索的次数远远超过了《刑法》第二百七十四条规定的二年内敲诈三次以上，属于"多次敲诈勒索"，不管怎样也构成敲诈勒索罪了。

《刑法》规定，敲诈勒索数额特别巨大或者有其他特别严重情节，处 10 年以上有期徒刑，并处罚金。在不存在死缓变更有期徒刑、数罪并罚的情况下，有期徒刑最高是 15 年。本案二审认定犯罪金额 144.6 万元，一审认定了 372.6 万元，都属于数额特别巨大，可判处 10—15 年有期徒刑。犯罪数额的差异，以及一、二审法院在量刑情节认定上的不同，最终导致了二审将许某的刑期从 13 年改判为 7 年，罚金也从一审的 500 万元，改判为 30 万元。

关于罚金，根据司法解释规定，应当在 2000 元以上、敲诈勒索数额的二倍以下判处。本案犯罪金额 144.6 万元，罚金应当在 2000 元—289.2 万元，二审法院最终判了 30 万元，也是在法定幅度之内。

7 年有期徒刑和 30 万元的罚金到底判得高不高？我以"敲勒索罪""男女关系""刑事案由"为关键词，检索到数额在 100 万元至 500 万元的 16 个案件。其中，判 3 年以下及缓刑的有 6 件；3—10 年的，有 4 件；10 年以上的有 6 件。敲诈金额最高的一起案件涉案金额是 351.6 万元，并且被告人是累犯，最终判了 14 年有期徒刑和 40 万元罚金；另有一起案件的敲诈金额是 105 万元，判的是有期徒刑 12 年和罚金 20 万元。

很多人都会拿本案和吴秀波案作对比，为何同样是因不正当男女关系而引发的刑事案件，吴秀波案中被告人陈昱霖索要 4000 万元，最后只判了个缓刑，罚金也只有 10 万元？最主要的原因是，吴秀波转给陈昱霖的 300 万元，法院认定双方分手协议中约定的金额是吴秀波自愿给的，另外的 3700 万元才是犯罪金额。此外在这个案件中，被告人是犯罪未遂，吴秀波也签署了谅解书。

相比之下，女辅警案的罚金虽然在司法解释规定的范围之内，但纵观既往案例，一审判决的结果，在相对值和绝对值上，确实要高出很多，二审的判决则要低得多。当然，我们国家不是判例法，每个案件具体情况不同，也不能一概而论。

有人质疑，本案中那么多公职人员，跟一个"90 后"的女辅警发生不正当性关系，难道不违法、违纪吗？那么多钱是从哪里来的？许某与这些人的交往时间跨度长达 5 年，这期间朱某某等 7 人给的钱难道都算许某敲诈勒索的吗？一些法律业内人士也对本案有着不同的看法。

公职人员与下属或者其他女性发生不正当两性关系，属于道德和纪律作风方面的问题。官方也通报了，本案中的7名公职人员，已于2019年底受到撤销党内职务、行政撤职等党政纪处分。与此同时，二审判决也认定这7名公职人员存在过错。这与许某敲诈勒索的事一码归一码。至于被索要的钱的来源问题，与敲诈勒索案无关，如果上述公职人员涉嫌犯罪，也会受到法律处罚。

另外，虽然其他案件的判决不影响个案的审理，但是最高人民法院2020年7月31日开始试行的《关于统一法律适用加强类案检索的指导意见（试行）》要求法院在办理符合特定情形的案件时，要对与待决案件在基本事实、争议焦点、法律适用问题等方面具有相似性，且已经人民法院裁判生效的案件，进行类案检索，从而统一法律适用，提升司法公信力。所以，已经生效的类似案件的判决情况，可以作为裁判的参考。

尽管，关于本案的争论还在继续，但无论如何，这都是一堂生动的案例教学和普法教育课。有争论，才是社会和法治的进步。司法会守住公平正义的最后一道防线，给社会一个交代和导引。

# 12　女子入职聚会遭强奸案一审判决

2020 年 5 月 15 日，深圳一名女子在新员工入职聚会上醉酒，被刚刚认识两天的男同事带到酒店并强行发生性关系。事后该男子谎称二人系情侣关系，双方自愿。后法院判处被告人邹某跃犯强奸罪，判处有期徒刑 3 年 6 个月。

"强奸才判三年半？"这是很多人看到这个判决时的第一感觉。确实，强奸对女性的身心伤害是巨大的，很可能是她们一辈子的阴影，很多人甚至认为对施暴者判死刑都不为过。在网上关于这类问题的讨论有很多。

强奸罪的起始法定刑期是 3—10 年有期徒刑，情节严重的可判 10 年以上有期徒刑、无期徒刑，最高死刑。本案只在起点的位置量刑，是法院根据案件事实和证据作出的认定，任何一方当事人不服都可以上诉或者抗诉。如果被告人上诉，那么受上诉不加刑原则的限制，二审最多只能维持三年半有期徒刑的判决，不会加重；如果检察院抗诉，则有可能判更高刑罚。

有法律实务经历的人都知道，强奸罪的认定有着严格的标准，这些在法律上有相应的规定。很多强奸案最终无法定罪，主要的原因在于证据不足、无法取证或者证据缺失。而且这种情况很多时候是因为受害女性因为担心、害怕或者受到威胁，心理负担和精神压力巨大，不敢报案，或者虽然报案了，但已经错过最佳取证时机，制造了法律上的障碍。这就在客观上造成不少强奸案因为证据问题而不了了之，让施暴者逍遥法外。

作为法律工作者，我一直在宣传和呼吁，女性遇到性侵害后，一定要及时报警、取证，勇于用法律武器维权。一味地隐忍只会让悲剧不断发生。但是，我们说起来轻松，对受害者本人而言，我们又怎能苛求每个受害女性有强大的精神防线？事情没发生在自己身上，永远无法知道其中的苦与痛。

除了告诉女性如何坚强、勇敢面对，法律也要大力保护女性面对强奸时的正当防卫权。

# 13　如何看待江歌妈妈诉刘鑫案及后续维权

2016 年 11 月 3 日，中国女留学生江歌在日本被杀害，凶手是室友刘鑫的前男友陈世峰。陈世峰被日本法院判处有期徒刑 20 年。2018 年 10 月 15 日，江歌妈妈江秋莲宣布，将对刘鑫提起诉讼。2022 年 1 月 10 日，青岛市城阳区人民法院对江歌妈妈江秋莲诉刘暖曦（刘鑫）生命权纠纷案作出一审宣判，判决刘鑫赔偿江秋莲各项经济损失 496000 元及精神损害抚慰金 200000 元。

江歌妈妈起诉刘鑫案一审宣判了，刘鑫被判赔偿 69.6 万元。这个判决兼顾了法理情，伸张了正义，抚慰了人心，也守住了扶危济困的社会道德底线，闪耀着法律和人性的光辉。不过，本案宣判后，刘鑫还有上诉的权利，即便判决生效了，赔偿款能否顺利履行也还未可知。除此之外，还有一些值得我们关注的问题。

2016 年 11 月 3 日，江歌被刘鑫前男友陈世峰持匕首杀害。陈世峰被日本东京地方裁判所以故意杀人罪和恐吓罪判处有期徒刑 20 年，目前在日本服刑。这个判决结果，对于痛失爱女的江歌妈妈来说，自然是不能接受的。她表示，凶手陈世峰 2037 年出狱后，希望能用国内的法律制裁他。那么，陈世峰在日本服刑完毕回国后，还能被追究刑事责任吗？如果再次追责，能判多久？江歌妈妈可否要求民事赔偿？

我们国家《刑法》规定了"属人管辖权"。中国人在国外犯了中国《刑法》规定的罪，仍然适用中国《刑法》。但是按中国《刑法》规定，最高刑为三年以下有期徒刑的，可以不予追究。陈世峰杀害江歌的行为涉嫌故意杀人罪，法定最高刑是死刑。所以，根据这个规定，是可以对陈世峰追究刑事责任的。

不过，陈世峰已经被日本法院判刑并执行，会影响后续处罚吗？我国《刑法》对国外刑事判决的态度是"消极承认"。凡是在国外犯罪，依照中国《刑法》应当负刑事责任的，哪怕经过外国审判，仍然可以追究，但是在外国已经受过刑事处罚的，可以免除或者减轻处罚。在日本的服刑，影响的是陈世峰回国后的量刑，但不会影响定罪。

故意杀人罪在我们国家的最低档量刑是3—10年，最高可以判死刑。陈世峰在日本服刑完毕回国后，我国仍然可以对其判刑，但一般会免除或者减轻处罚，基本判不了死刑。到底能判多久，还需要结合具体的情节来考虑。

我们国家是有过类似判例的，可以作为参考。

据媒体报道，2004年7月，在日本打工的黄某某将工友孟某某杀害，黄某某被日本法院以故意杀人罪、非法滞留罪判处有期徒刑11年。黄某某被假释回国后，拒不承认犯罪事实，也没取得被害人家属的谅解，又被上海市杨浦区人民法院以故意杀人罪判处有期徒刑8年。

所以，江歌妈妈要在陈世峰服刑完毕回国后追究他的刑事责任，这是有法律依据和现实判例的。只不过，由于案发地在国外，公安机关和检察机关办案的取证相对困难，需要借助国际刑事司法协助，到日本去调查取证，客观上增加了办案的难度。

那如果陈世峰刑满释放后回国，该由哪个法院来审判呢？根据刑事诉讼相关规定，既可以由陈世峰入境地或者离境前居住地的人民法院管辖，也可以由被害人，也就是江歌离境前居住地的人民法院管辖。

有的朋友担心，陈世峰要是一直不回国怎么办？在日本被判了这么重的刑，出狱后是要被遣返回国的，不会让他一直留在日本。根据我国《刑法》规定，法定最高刑为无期徒刑、死刑的，追诉期限是 20 年。即便过了 20 年，经过最高人民检察院核准，仍然可以追诉，该来的刑事追责还是会来。不仅如此，江歌妈妈还可以要求他进行民事赔偿。

江歌妈妈起诉刘鑫是生命权纠纷，法院认定，作为被救助者和侵害危险引入者的刘鑫，对施救者江歌并未充分尽到注意和安全保障义务，具有明显过错，应当承担赔偿责任。这份判决，受到了广泛的称赞，因为它弘扬了扶危济困的传统美德，引导全社会崇德向善。相比于陈世峰的恶，刘鑫的自私、无情与冷漠，有过之而无不及。

江歌案引发了全社会对道德与法律义务的深思和反省，也是一个母亲一生中梦魇般的痛，幸好，这个社会还有正义与温暖在。

劳资关系

# 01 女保洁误入男浴室撞见领导，被罚 2000 元

2020 年 11 月 12 日，浙江杭州，一女保洁没敲门就进入大楼里的男浴室拿工具，正好撞见男领导在里面洗澡，结果物业公司罚了她 2000 元。女保洁表示，承认自己的失误，但自己一个月工资才 3400 元，认为公司处罚过重。

企业有罚款权吗？

在现实中，企业对员工罚款这一司空见惯的现象，其实是违法的！"罚款"这个概念，在法律层面是一种行政执法权，只有行政机关在法律法规授权的情况下，才可以对公民进行罚款。除此之外，任何单位和个人都不能对公民罚款。

1982 年国务院发布的《企业职工奖惩条例》曾认可了企业的罚款权，但这个规定针对的只是国有企业和城镇集体企业，而且这一条例已经在 2008 年被废止了。我国现行的法律法规中，并未规定企业有罚款权。《中华人民共和国劳动合同法》（以下简称《劳动合同法》）中关于劳动者的赔偿责任，仅限于违反劳动合同约定、违反保密义务或者竞业限制，给用人单位造成损失的情况，实际上属于违约责任。

所以，企业是不能对员工罚款的，否则就违法了。

　　你也许要问了，在这件事中，这名保洁确实违反公司的管理规定了，也侵犯了他人的权益，不能罚款，就这样不了了之吗？

　　实际上不是的，这是两个问题。不能罚款不代表不能依据公司制度对员工进行降职、扣发绩效甚至解除劳动合同等处罚；侵犯他人权益属于侵权责任范畴，被侵权者可以要求赔礼道歉、赔偿损失等。总之，一码归一码。

　　从这类事件中我们可以看出，企业容易滥用管理权，把自己放在可以对员工"生杀予夺"的位置，从而侵害员工的合法权益，造成劳资关系的不对等。

# 02 招聘网站上幺蛾子频出，求职者该如何应对

2020年11月23日，有记者在招聘网站上向20余家招聘企业发起求职申请，申请职位包括助理、秘书等，其中既有专门为客户物色女子的中介，也有亲自在别墅里面试，并对应聘者动手动脚的老板，甚至有公司名为招聘助理实为替客户寻找性伴侣。面对这些情况，求职者该如何应对？

招聘平台出幺蛾子，不是第一次了。

2020年10月，西安一家模特公司在招聘网站发布虚假招聘信息、诱导学生借贷的新闻登上了头条。根据媒体报道，这类骗子公司在简单面试、登记完信息后，就要求应聘者办理"模卡"。他们宣称，模卡是模特行业的一块敲门砖，主要用于应聘和宣传，办理了模卡之后，模特才能接业务，将由"专业团队"为应聘者拍摄照片，没钱还可以为其办理贷款，可谓想尽一切办法掏空应聘者的荷包。招聘负责人承诺，模特们办理模卡后平均每个月能赚3000—4000元，一个月就能回本。

这对于没钱却时间充足的大学生来说，充满了诱惑力。而这只是最初级的套路，有些直播公司还会怂恿兼职主播贷款整容，并表示他

们整容后一定会被力捧，成为公司大火主播。然而，这些公司背地里却干着和不法医院相勾结拿回扣的勾当。

不得不说，骗子公司的套路相当多，而他们有时候夺走的不只是财产，还可能是生命……

2017 年 7 月 14 日，东北大学毕业生李文星的遗体，在天津市静海区一处水沟内被发现。

两个月前，李文星通过 BOSS 直聘求职后，接到北京科蓝软件系统有限公司的入职聘用书。5 月 20 日，李文星前往天津入职。但随后，李文星频繁失联并且对与其联系的同学态度冷淡。其间，他多次向同学借钱。7 月 8 日晚上，他向家里打电话说了最后一句话："谁打电话要钱，你们都不要给。"

事发后，BOSS 直聘针对李文星事件公开发布道歉信：向李文星的家人、用户和公众表达内心最深切的歉意，将承担法律责任并落实整改要求。李文星父母向法院起诉，要求 BOSS 直聘赔偿各项经济损失共计 230 余万元。

那么，应聘者受骗，招聘平台到底该不该承担责任呢？

在这方面是有法律规定的。招聘平台有义务审核招聘公司的资质以及他们发布的招聘信息。如果平台知道或者应当知道这些公司有侵权或者违法行为，而没有及时采取必要措施进行处置，造成了损害，是要承担连带赔偿责任的。如果 BOSS 直聘在收到用户对招聘公司投诉举报时，没有进行处理，导致应聘者被骗，就需要对应聘者受到的损失承担赔偿责任。

虽然这类事情的根源在骗子公司，而非平台，但是平台的责任不可逃避。最后，我也想给正在求职或准备换工作的朋友们提个醒：

第一，薪资待遇明显高出市场水平的公司职位慎选。经济学中有一个观点，当一个行业的利润率明显高于市场平均水平时，会有大量的竞争者涌入，直到利润率被拉低到市场同一水平。求职工作也是如此，要冷静分析，对方为什么愿意给出这样的高薪。

第二，公司在本地，面试和上班地点却在外地，这是否合理？虽然我们不能在没有根据的情况下带着恶意去揣测，但除去集团招聘、比较特殊的行业或者特殊情况，应聘者还需要慎重对待这样的招聘公司。

第三，应聘前，应聘者可以对公司做一做背景调查，检索一下公司相关信息。我们可以在中国裁判文书网上输入公司名称，看有没有涉诉信息。这一招针对"老字号骗子"有用，对于打一枪换一炮的骗子就没那么有用了。也可以使用企业信息查询类 App，查询老板、公司过往的风险情况，或者通过身边的亲朋好友打听一下。

当然，除了应聘者要提高警惕，作为用人单位，要守法经营，而提供中介信息的招聘平台，更要尽到平台的职责，为劳资双方提供优质的服务。

# 03　法律如何解决职场冷暴力的问题

2020 年 11 月 6 日，一名自称"虎牙被抬当事人"的网友爆料，他在上班时被 HR（人力资源）暴力抬出公司。次日，虎牙公司发布声明称这名员工因简历造假、违规兼职被公司开除，辞退当天员工拒绝签字、言行过激，影响了公司的正常经营秩序，所以把这名员工抬到一楼去"冷静冷静"。随后，该员工发布个人声明，认为公司直系领导对他有冷暴力、职场精神控制行为，导致其抑郁，并被公司暴力辞退。

爱默生曾说过，人们嘴上挂着的法律，其真实含义是财富。劳动者们最在意的就两点：财富，也就是工资；体面，也就是法律。虎牙员工被抬事件引起争议的原因在两点：一是用人单位对员工"生杀予夺"的管理制度问题，二是用人单位对员工的暴力辞退问题。

首先，我们要明确一点：辞退员工不代表能直接将其扫地出门，暴力地抬出门。这样做，警察叔叔就有理由找上门了。员工拒绝签字、言行过激，影响公司正常经营秩序，这属于公安机关管辖的范畴，只要不存在伤害人身的紧急情况，公司完全可以通过报警来解决。暴力的问题解决方式可能涉嫌违法甚至犯罪，采用非暴力的解决问题方式是一个文明法治社会的基本原则。

关于这名员工说的领导冷暴力的问题，其实就是大家平时说的穿小鞋。我们姑且不论员工所言是否属实，这种现象在职场中还是比较普遍的。

如果不幸遭遇穿小鞋，一定要做好两件事：第一是强大的心理建设，不要让这种冷暴力造成情绪、心理乃至精神上的伤害；第二就是要通过法律手段来维护自身合法权益。

冷暴力在法律上如何定性呢？

目前，法律对此没有明确规定。但从职场冷暴力的表现来看，它是一种职场歧视和侵权行为，一开始往往是公司中的领导或者员工的个人行为，如果公司后续知情却不介入处理，不采取措施维护员工合法权益，那就上升为公司行为了。

职场冷暴力的目的可能有两种：一种是个人为了竞争或者打击报复，另一种可能是变相开除员工。

记住，使用冷暴力来迫使员工离职，属于变相辞退，是非法解除劳动合同的行为。根据《劳动合同法》规定，企业可以单方解除劳动合同的情况，包括劳动者在试用期间被证明不符合录用条件的；严重违反用人单位的规章制度的；严重失职，营私舞弊，给用人单位造成重大损害的；劳动者同时与其他用人单位建立劳动关系，对完成本单位的工作任务造成严重影响，或者经用人单位提出，拒不改正的……以上所有的解除情形，都需要证据。否则，员工可以要求公司继续履行合同，或者要求支付双倍经济补偿。具体的补偿标准是：工作每满一年，支付两个月工资补偿，6—12个月按照1年算，不满6个月支付1个月工资补偿。

注意，员工跟公司之间发生劳动争议，必须先申请劳动仲裁，对仲裁结果不服才能向法院起诉，不能直接去法院起诉。

# 04    如何看待公司让员工24小时待命

被社会热议的"996""007"工作制余音未了，24小时待命的工作再次引发了大众关注，24小时待命违法吗？

如果一家公司要求员工24小时待命，就是违法的吗？这个还真不一定，别急着骂我为资本家代言，我们都是打工人。

《中华人民共和国劳动法》（以下简称《劳动法》）关于工作时间的规定有三种类型。

第一种是固定时间工作制。这是大家最常见的工作制。每天的工作时长不超过8小时，平均每周不超过44小时，每周至少休息1天。法定节假日要放假，连续工作1年以上享受带薪年休假。特殊情况下，在保证员工身体健康的基础上每天加班不能超过3小时。

第二种是不定时工作制。主要是因工作需要不能实施固定时间工作制，比如推销人员、值班人员、长途运输人员、出租汽车司机等等。

第三种是综合计算工时工作制。分别以周、月、季、年等为周期综合计算工作时间，但是平均日工作时间和平均周工作时间应与法定标准工作时间基本相同。这种制度主要在交通、铁路、邮电、水运、航空等因工作性质特殊需要连续作业的行业中，还有地质及资源勘探、建筑、制盐、制糖、旅游等受自然条件限制的行业中。

　　这样看来的话，在理论上，不定时工作制和综合计算工时工作制是完全可以要求 24 小时待命的。只不过，这并不是没有限制的，前提条件是保障员工身体健康和充分听取员工意见，要采用集中工作、集中休息、轮休调休、弹性工作时间等适当方式，确保职工的休息休假权利和生产、工作任务的完成。

　　2019 年媒体曾经报道了这么一个事情，陕西西安环卫工人称十几年没拿到过春节 3 倍工资。由于环卫工人工作性质的特殊性，他们无法像普通人一样休息休假，而且越是大家休息休假的时候，他们越忙。《劳动法》明确规定，法定节假日安排职工工作，要支付不低于 3 倍的工资。幸运的是，环卫工人的呼声被听到了，《人民日报》发声捍卫环卫工人的劳动权益，当地人力资源及社会保障部门介入调查。

　　事实上，只要证据充分，不支付加班工资与不和员工签书面合同一样，一抓一个准。《劳动法》总则第一条就首先表明了态度——"为了保护劳动者的合法权益"。这是属于我们每个人的法律：申请劳动仲裁是免费的，去法院起诉劳动争议，诉讼费也才 10 元钱。如果你被公司欺负了，千万别害怕，维权成本并不高。老板要求的不合理加班，尤其是 24 小时待命这种，一定要注意收集和保存证据，打卡签到记录、通知文件、聊天记录、监控录像之类的，都可以作为证据，当然前提是你需要先确定自己属于哪种工作制。

　　在劳资双方关系不对等的情况下，保护我们的法律有，保护我们的工具也在，但如果所有人都知道某件事情违法，却没有人出来反对，最终一定会导致一场悲剧。

　　近年来，每逢国庆、春节长假，人社部等部门都会明确指出，法定节假日上班必须支付 3 倍工资。从事后监管到事前指引和规范，可以说，劳动环境整体在往好的方向走。

相关数据显示，2020 年全国立案受理劳动人事争议案件总数 109.5 万件，同比增长 2.34%。人民法院也在加强拖欠农民工工资案件的审判执行工作，加大力度惩处拒不支付劳动报酬的犯罪，帮助农民工追讨欠薪。从某种程度上讲，这体现了劳动者的法治、维权意识的增强。

《劳动法》应该成为每位职场人、每个企业的必修课。

# 05    职场上的推杯换盏背后有哪些法律风险

---

2020 年 8 月 24 日，一员工因不喝酒被打耳光的新闻被顶上了热搜。酒桌文化是职场潜规则的代表之一，职场新人痛恨的酒桌文化其实不只是喝酒这一行为。这牵涉到太多的问题，包括用人单位和领导手中掌握的主观性权力。

---

如果要选出最令职场人士苦恼的问题，那喝酒绝对榜上有名。若干年来在民间形成的酒文化，深植在中国人的观念中。酒文化本身其实并没有错，它是一种礼仪形式，甚至属于传统文化的重要组成部分。但问题就出在打着酒文化幌子的一些恶俗的陋习上。这些陋习，从法律的角度来看，是存在着巨大的风险的。在这里，咱们就来聊一聊酒桌上的法律风险。

第一，上司强迫下属喝酒，这种行为是否触犯法律？

很多时候，在一些应酬饭局上，会出现领导强迫下属喝酒的情况。这其实不只是单纯的道德或者职场潜规则问题了，而是可能涉嫌违法，是侵权行为。

在企业里，用人单位和员工之间是平等的劳动合同关系，员工在具体工作上要接受公司的管理和调遣，但是在人身权利上是完全平等和独立的。员工喝不喝酒、和谁喝酒属于人身自由权利的范畴，用人单位及其管理人员是无权强迫员工的。如果在强迫下属喝酒的过程中存在辱骂、殴打的情况，还可能涉嫌治安违法甚至犯罪，可根据实际情况给予罚款拘留，严重的还可能追究刑事责任。

第二，在饭桌上强行劝酒，有什么法律风险？

强迫不能喝酒的人喝酒，如果造成人身伤害，根据不同的情况，劝酒者和同桌的人可能承担以下法律责任。

一种情况是强行劝酒后发现对方身体出现异常，但是没有及时进行救助，造成人身损害，劝酒者要承担民事赔偿责任。

另一种情况是强行劝酒后直接把醉酒者丢下不管，导致对方人身损害，劝酒者也要承担民事赔偿责任。

还有一种极端情况，就是明知对方不能喝酒，甚至喝了酒有生命危险，还强行劝酒，导致对方人身损害甚至死亡，这种情况下劝酒者可能要承担刑事责任。

同桌喝酒的人，如果没有劝酒，对醉酒者也尽到了必要的、合理的注意和照顾义务，一般情况下不需要承担责任。但在实践中，一般举证比较难，想要证明自己完全没责任也不容易，很多时候按照公平原则，由一起喝酒的人共同分担责任的比较多。

第三，如果遭遇上司强迫喝酒的情况，员工要如何应对？

遇到这种情况，员工要尽可能向上司说明情况，表示拒绝，并且视情况选择离开现场，情节严重的应立即报警保护自己。员工事后要及时向公司领导、相关部门反映，遇到人身损害要及时通过法律途径维权。作为企业，要认识到强迫喝酒的法律风险，完善内部规章制度，加强对管理层的管理和约束，充分尊重和保护员工的合法权益。

虽然在法律上，上司强迫下属喝酒是侵权、违法行为，但在现实中，作为员工，对这个职场潜规则很多时候还是敢怒不敢言。因为人事考核权在用人单位，而法律对于用人单位怎么行使考核权的规定，还存在很多模糊和不完善的地方，从而让用人单位享有"生杀予夺"的权力。

建议在《劳动法》《劳动合同法》以及相关法规中进一步完善对用人单位人事考核权的监督，加大企业的违法成本，将尊重和保护员工合法权益落到实处。

# 06 六成以上外卖骑手没有社保

外卖巨头的行业报告显示，注册外卖骑手人数已达 600 万。中国社科院新闻与传播研究所助理研究员孙萍及其团队，2020 年 11 月在北京进行的调查显示，受访外卖骑手六成以上没有社保。有社保的骑手或是骑手自行缴纳，或是兼职骑手，由原单位缴纳社保。

作为一个新兴行业，外卖业发展迅猛，不少地方还游离于监管之外。而大量外卖从业者的合法权益得不到保障，其中一个主要原因就是外卖平台和外包公司的套路太深。

用人单位必须给员工买社保，这是法律的强制性规定。对此，《劳动法》《劳动合同法》《社会保险法》里都有明确的规定，按照法律规定，用人单位未给员工买社保，员工是可以直接解除劳动合同的。

除此之外，还有两点需要注意：一是平台或者外包公司让外卖骑手自愿放弃购买社保是违法的，即便骑手签字自愿放弃，这种约定也是无效的；二是用人单位没有给员工买社保，社会保险费征收机构是可以申请法院强制执行，以用人单位的财产来抵缴的。

说到这里，你可能会问，既然法律有明确规定，这些企业为何还如此明目张胆地违法？事实上，平台和外包公司早就研究好了对策：他们和骑手签的是商业合作协议，双方在法律上属于合作关系，而非劳动关系，所以就不需要按照《劳动法》等相关法规来购买社保。

外卖行业的骑手组成比较复杂，除了全职骑手，还有兼职骑手，在正式工作之余赚点外快补贴家用，还有不少外卖骑手属于灵活就业人员，送一单赚一单的钱。外卖员们更希望多赚点钱，很多时候，在权衡之下会自愿选择脱离法律保障的"捷径"；还有相当一部分农村户籍的骑手，因为没有签订劳动合同，由于政策的问题，无法在当地缴纳社保……

外卖行业的社保问题，不适合一刀切，要区分不同的情况，制定相应的措施。当务之急，是相关部门要加大监管力度，对一些平台和外包公司违法违规用工的情况，进行严厉查处，规范平台、外包公司和骑手之间的法律关系，尤其是没有购买任何社保的外卖骑手，要尽可能解决他们的基础社保问题。

外卖行业方便了我们的生活，促进了经济社会发展。我们绝不能让这些为了生计奔波的骑手，在寒风中独自伤痛。

# 07　该不该用微信传达工作指令

---

2019 年 12 月 6 日凌晨，北京铁路局两名员工被 G383 次高铁列车撞轧身亡。据报道称，事故原因是一名干部用微信群发作业指令导致指令漏传，最终酿成悲剧。

---

铁路部门传达工作指令，是有专门的操作流程和安全制度的，作业命令通过系统层层传递。事发时，这名干部用微信发指令，导致指令漏传，反映出他对规章制度，对安全问题的漠视，从根源上讲更是对生命的漠视。对于劳动安全制度极为严格的工种来说，用微信这类社交软件传达工作指令，可以说是最低级也是最触犯原则的工作失职。

平时大家在微信群里说工作，可能觉得没什么，毕竟大家都在使用微信，这种沟通方式也很方便。但是涉及一些特殊行业、特殊岗位，用微信传达工作指令或者传送工作资料，不仅是违规问题，有时甚至可能涉嫌违法犯罪。

我以前在法院工作的时候，法院办公电脑全部都是使用专用的局域网络系统，有专门的安全防护措施，都是不能接入互联网的。在办公电脑上拷贝资料，必须使用专门设置了安全权限的 U 盘或硬盘。而涉及案件材料、工作资料和通知等，更不能通过微信、QQ 之类的社交软件传递，否则就不只是违规，更是涉嫌违反《中华人民共和国保守国家秘密法》（以下简称《保密法》）的规定，严重的还会被追究法律责任。

　　对于这个事故，我想我们每个人都需要思考，尤其是单位管理者。站在规章制度甚至法律法规层面来说，传达工作指令、传递工作资料甚至讨论工作事项，都应当在符合规定的、专门的、有安全防护的系统上进行。安全生产不是一句口号，所有的安全措施都是以防万一。安全防范的终极目标，是永远都用不上这些应急制度。

# 08　该不该取消外卖员差评制度

上海一名女子爆料称，她因点外卖给了差评，遭到外卖员上门报复，被砸门、辱骂恐吓，还被勒索 200 元的赔偿。最终，外卖员因寻衅滋事被拘留 10 日。

我们不能用极端个案去否定整个职业群体。因差评导致的恶性事件，根源还在于外卖平台的考核制度和个人的性格、心理问题。

为什么外卖员那么害怕客户给差评？因为外卖平台为了保证服务体验，让客户满意，采取了极为苛刻的制度来考核外卖员。一个差评可能导致他们这一单白干了，两个差评可能一天的辛苦都要白费。

这种情况下，外卖员为了尽快送达，避免差评，不得不追求最快的速度。在这个过程中，必然遇见交通违法、与客户产生冲突等一系列问题。一般情况下，外卖员会选择隐忍，但不排除个别心理脆弱、脾气暴躁的外卖员，在处理与客户的纠纷时，丧失理智，甚至采取极端方式。

凡是涉及评价考核，总是存在主观性的因素，这是不可避免的。但是评价制度又是必不可少的，它是保障消费者体验和方便平台考核的有效手段。

服务不好，消费者自然有权打差评，平台也有权进行相应的处罚，这可以倒逼外卖员更好地提供服务，也保障消费者权益。但是在现实中，外卖服务不到位可能是很多客观原因造成的，比如天气恶劣、商家出餐延误、外卖员路上遭遇意外情况等。而如果平台对差评不分青红皂白地一竿子打死，这对外卖员自然不公平，长此以往，便容易激发矛盾。

差评制度没问题，问题出在外卖平台以考核之名行压榨之实。所以，这类新闻事件不只是个案，任何行业都可能存在。我们更应该关注的，是如何规范外卖平台的考核制度，妥善协调外卖员、平台、商家以及客户之间的关系。在外卖平台上，任何一方的利益都应当兼顾，这样才能共赢。

一方面，要充分保障客户对商家、外卖员进行评价、反馈的权利；另一方面，平台在保障客户权利的同时，也要兼顾外卖员的合法权益，不能厚此薄彼。外卖平台的差评考核机制，如何避免一刀切，对外卖员进行最合情合理的管理，是需要考虑的问题。

愿每一份付出，都被温柔以待。

# 09 强制准时下班，取消"大小周"，互联网公司休息时间也"内卷"

在"996""007"大行其道的当下，有家互联网公司试点强制6点下班，引发了广泛关注。另外一家互联网公司，官宣取消大小周，员工按需加班，公司也支付加班工资。

我们知道，按照国家相关法律规定，周末加班需要支付正常工作时间工资的2倍工资，国家法定节假日加班需支付正常工作时间工资的3倍工资。让我们来算一算，如果北京的程序员张三日薪达到了一天500元，假设他国庆节连续加班7天，公司就应该给予他8500元的加班工资。因国庆节法定节假日为3天，3天加班工资为4500元；2天为周末，2天加班工资为2000元；剩余2天为周末调休，加班工资为2000元。

某互联网公司从2021年1月10日开始实行"大小周"制度，但仅仅实行不到半年就取消了；另外一家互联网公司要试点强制6点下班。网络上众说纷纭：是老板良心发现，还是行政法规的强力威慑？我们不得而知。当下，连员工的休息时间也要开始合理地"内卷"了吗？

作为律师，我今天想来给大家解释一下，大小周现实的法律基础，以及取消大小周后打工人最应该关注的是什么。

大小周是国内互联网公司发明的一种工时制度，即一周上班6天，为小周；而下一周上班5天，为大周。理论上来说，相比正常的双休制度，大小周制度下，员工一个月多工作16个小时以上，这16个小时支付的工资为正常工作时间工资的2倍。

大家一般认为，大小周是违背《劳动法》的。《劳动法》第三十六条规定，国家实行劳动者每日工作时间不超过8小时、平均每周工作时间不超过44小时的工时制度。第三十八条规定，用人单位应当保证劳动者每周至少休息一日。第四十一条规定，用人单位由于生产经营需要，经与工会和劳动者协商后可以延长工作时间，一般每日不得超过1小时；因特殊原因需要延长工作时间的，在保障劳动者身体健康的条件下延长工作时间每日不得超过3小时，每月不得超过36小时。

从《劳动法》的规定上看，法律允许的加班时长上限是每月36小时。如果企业在工作日并没有要求员工加班，只是实行大小周的规定，不一定违法。但是，加班时长只是一个方面，还需要看企业实施大小周制度在程序上是否合法。

《劳动合同法》第四条规定，用人单位在制定、修改或者决定有关劳动报酬、工作时间、休息休假、劳动安全卫生、保险福利、职工培训、劳动纪律以及劳动定额管理等直接涉及劳动者切身利益的规章制度或者重大事项时，应当经职工代表大会或者全体职工讨论，提出方案和意见，与工会或者职工代表平等协商确定。《劳动法》第三十九条规定，企业因生产特点不能实行本法第三十六条、第三十八条规定的，经劳动行政部门批准，可以实行其他工作和休息办法。

这就意味着，企业在实施大小周工作制度前，必须和全体职工讨论或者经职工代表大会讨论，然后经劳动部门批准，方可实施。如果程序上企业缺失了这两个步骤的任何一个，就是违法的。

所以，如果企业对员工实行的是固定工时的工作制度，实行大小周，只要经过了合法的程序，在保障员工身体健康的前提下，每月总加班时长不超过 36 小时，周六上班按照规定支付 2 倍工资，就不违法。

这里还有一个问题，我们通常说的加班，是指企业因为生产经营需要，经过和员工协商，要求员工在标准工作时间以外或者休息日、节假日工作，这种情况需要支付加班费；而如果是员工主动放弃休息时间，自愿加班，企业就不需要支付加班费。当然，企业如果愿意给，那员工当然可以收下。

2020 年，媒体报道称，因为工作强度大，加班时间长，某互联网公司员工猝死在回家路上。这一事件曾引发广大网友对互联网公司工作制度的口诛笔伐，然而截至本书交稿，一年过去了，仍然有不少公司坚定地执行"996"。北京中关村、望京 CBD，夜晚 12 点依然灯火通明。"996"屡禁不止的原因，我们可以在法条里窥见一二。根据《劳动保障监察条例》第二十五条，用人单位违反劳动保障法律、法规或者规章延长劳动者工作时间的，由劳动保障行政部门给予警告，责令限期改正，并可以按照受侵害的劳动者每人 100 元以上 500 元以下的标准计算，处以罚款。

《劳动合同法》里还有一条，对于不支付加班工资的情况，劳动行政部门可以责令限期支付加班费，逾期不支付的，责令用人单位按应付金额 50% 以上 100% 以下的标准向劳动者加付赔偿金。

有人说，《劳动法》关于加班的规定形同虚设，因为处罚企业的威慑力度不够，没有惩罚性的赔偿机制，导致企业违法成本低。

当然，我们也要看到，无论是劳动保障的法律法规，还是劳动监察执法的力度，以及劳动维权的环境，都在不断向好。

那么取消大小周对打工人会有什么影响？大家又该注意些什么？

取消大小周，硬性工作时间减少了，这无疑是有利于员工的。但我们要理性分析，这不只是减少工作时间这么简单。

取消大小周后，员工每个月的工作时间将减少 2 天，工作量会相应减少吗？如果工作量没变，原来小周多出来一天的工作量，就要分摊到平时的工作日，将导致平时的加班增多，员工最后只能用工作日加班换取周末的双休。

每天加班多了是一回事，关键是工作日加班和周六日、节假日加班，在加班工资上是不一样的。之前大小周，逢小周上班，还可以拿到 2 倍工资，这要是改到平时加班了，按照规定加班工资才 1.5 倍，有的公司甚至还不给。

如果工作量减少了，那绩效考核机制是否也会发生改变？怎样计算员工的贡献和价值？他们的工资待遇也会跟着减少吗？在某互联网公司的一项内部调查中，1/3 的员工反对取消大小周，这背后，最主要的还是薪水、待遇问题。

这其实跟实行双休、单休甚至无休的打工人面临的处境是一样的。可能很多人并不是真正排斥加班，而是加班之后的合法权益没有得到保障。

有这样一句调侃：希望不能赚钱，但"996"、大小周确实能挣钱。加班，早已成为当下中国大城市年轻人或多或少都会遇到的问题，一边是生存带来的压力，另一边是自己的休息权利被剥夺、生命健康权被侵犯，确实难以抉择。但年轻人的困境不应该成为企业乘虚而入的借口。尤其是在经济下行的环境中，劳动力的买家市场，更加考验着企业对员工合法权利的尊重和保护。

# 10　拿到录用通知没去报到要支付违约金吗

收到用人单位的录用通知后，没有按照约定时间去报到，需要支付违约金吗？

招聘"放鸽子"的事情并不少见。虽然没签劳动合同之前，双方都有反悔的权利和自由，但作为律师，我还是要提醒劳动者们：录用通知属于合同，处理不好可能也要承担法律责任。

用人单位人事部门发的录用通知其实是有法律效力的，它是一种合同，如果应聘者接受录用通知后没按照约定的时间报到，用人单位是有权追究应聘者违约责任的。

可能大家有过拿到录用通知后反悔，而没被追究责任的情况，那是没造成实际损失，用人单位放弃追责并不代表放鸽子的应聘者没有法律责任和风险。

一般而言，录用通知是劳资双方就签订劳动合同而达成的协议，有的公司会直接在其中写上违约责任，有的没写。但不管写没写，这都规定了劳资双方是一种合同关系，双方都应当遵守诚实信用原则，按照约定的时间和地点报到、签合同，否则，守约一方可以追究对方违约责任。

　　当然，合同遵循当事人的意思自治原则，如果你拿到录用通知后反悔，及时跟公司协商一致，对方也同意你放弃，那就不存在违约责任的问题。如果你反悔，又不跟对方沟通协商，尤其是一些紧急招聘的岗位，对方明确跟你说了情况，而你的反悔确给对方造成了损失，对方是可以要求你赔偿的。

　　在劳资关系中，你有选择哪份工作的权利，但是如果不做好风险防范，没有法律意识，就有可能造成损失。所以，平时多学习一些劳动保护的法律知识，还是非常有必要的。

# 11　如何看待女子应聘被要求写保证，承诺怀孕主动辞职

有媒体报道，一女子去重庆某酒店应聘，酒店经理要求她写一份书面保证，承诺如果怀孕就主动辞职。

对女性的就业歧视，一直以来都是公开的秘密，企业通常都是背地里搞些小动作，但是像这么赤裸裸和明目张胆的，还不多见。对女性的就业歧视，仅凭法律规定是无法杜绝的，它的杜绝需要多方面努力。

我们都知道，女职工的合法权益受到多部法律保障。《劳动法》规定：女性在孕期、产期、哺乳期，用人单位是不能单方解除劳动合同和裁员的，否则就要承担民事赔偿责任，受到相应的行政处罚。而且，女职工在怀孕时，依法享有休假和相关社保的保障。如果这名女子已经是酒店的员工了，酒店要求她主动辞职的书面承诺，就是无效的。

但是，对女性的就业歧视，很多是发生在招聘阶段的。用人单位的自主权非常大，可以决定录不录用某个人，所以这种歧视具有很强的隐蔽性。在招聘阶段，应聘者还不是正式员工，就不能依据《劳动法》《劳动合同法》等的规定，直接要求招聘者赔偿或者承担法律责任。现行的法律法规中对这种行为还没有明确的惩戒措施，即便应聘者投诉举报，劳动监察部门通常也只能批评教育或者责令改正，无

法进行实质性的处罚。而这个问题的解决，不能单纯依靠法律的强制手段，毕竟这里面还涉及企业用工自主权的问题，法律能干涉的是有限的。

因此，除了完善法律法规，强化劳动监察，更需要企业和用人单位的自律和自觉，而要让用人单位不搞性别歧视，是需要解决背后的根本性问题的：那就是企业的效益和用工成本之间的矛盾。这个就需要从国家宏观层面来考虑了。

# 12　如何看待人大代表建议男性陪产假不低于 20 天

建议是好建议，但如果不做好配套的工作，给男性再多的陪产假也不能实现初衷。如果这个建议要落实，我认为须解决这么几个问题。

第一，给不低于 20 天的陪产假，真的能让男性多陪陪妻子，多带带孩子吗？理想状态下，男性多一些陪产假，可以分担一些家务，多给妻儿感情上的照顾。但现实中，很多家庭都是老人在帮忙带孩子、做家务，如果一个家庭中的家务主要由妻子和老人负责，给男性放再多假，也只是让"大爷"多放松几天而已。

第二，不低于 20 天的陪护假，如果工资照发，福利待遇不变，那么这个成本谁来承担？我曾多次提到，从保护劳动者合法权益的角度来说，我们需要更多休息休假的规定。但是我们要看到，绝大部分的私营企业会充分考虑成本，最大化地发挥员工价值。为什么不少企业招聘时或明或暗地限制、歧视女性？因为女性在生育、哺乳期等时候，有国家强制规定的休假，企业要负担休假期间这部分成本。如果给男性也增加了类似假期，可能会成为企业招聘歧视的因素之一，从而给更多育龄员工造成就业压力。

第三，抛开法律的强制性规定，劳动者的休息休假权需要在用人单位的成本负担和国家的社会保障之间追求平衡。企业给员工带薪假期，要么是员工的生产效率提高，收益增加，让企业能够负担甚至忽略员工休假时的成本，要么是国家在社会保障层面对企业有一定的支持或者优惠。说得再直白点，企业的生命力在于效益，员工休息休假除了人性和良心，更重要的是靠国家的强制力来保障的，要在两者之间找到平衡点，根本上还需要国家来埋单。

此前，也有代表提出过夫妻双方共用产假的建议。其实这些建议的出发点都是好的，但是如果没有解决背后各方利益和社会保障层面的问题，增加再多的假期，也只是让用人单位想办法变相从员工身上拿回去而已。

消费者权益

# 01　快递员未经允许将快递放入快递柜里，这合法吗

2020 年上半年曾有过一场不小的快递柜风波。起因是丰巢宣布，自当年 4 月 30 日起，对快件滞留超过 12 小时的非会员进行收费。费用虽不高，却引起了公众强烈不满。

智能快递柜的出现，是一种适应市场新需求的举措，解决了部分用户收取快件不方便，或者不愿意快递员送货上门等问题，它的存在是合理的。

不经用户同意，甚至在用户明确拒绝的情况下，快递员执意把快递放进快递柜，违反了《民法典》《快递暂行条例》《智能快件箱寄递服务管理办法》等的规定。

《快递暂行条例》明确规定，经营快递业务的企业应当将快件投递到约定的收件地址、收件人或者收件人指定的代收人，并告知收件人或者代收人当面验收。收件人或者代收人有权当面验收。《智能快件箱寄递服务管理办法》也明确规定，快件放快递柜要征得收件人同意。

"翻译"一下：快递必须送货上门，快递柜可不是我们的指定代收人。

从法律角度来看，用户和快递公司之间是服务合同关系，快递公司需要按照合同约定，给用户预留的收件地址送货。除非用户自己写明了寄到某某快递柜，否则快递员随便把快递放在快递柜将构成违约。用户可以要求快递公司继续履行合同，把快递送到预留的地址，也可以要求快递公司承担违约责任。

那么，问题来了，既然法律法规都有明确的规定，为何快递行业的这种现象依然普遍存在？

虽然我刚才列出了几部法律的规定，但让人遗憾的是，不管是《中华人民共和国邮政法》（以下简称《邮政法》），还是《快递暂行条例》和《智能快件箱寄递服务管理办法》，都没有明确快递员不送货上门或者没征得同意就将快递放快递柜的法律责任。

原因在于，不送货上门或者没征得同意把快递放进快递柜，本质上属于合同中的违约行为，而合同作为当事人意思自治的法律关系，法律和行政法规一般不能进行干涉。在法律上的处理，一般是双方协商，或者去法院起诉打官司。

一说到打官司，很多人都会心里发怵。一方面是不懂怎么打官司；一方面也觉得不过是一个小小的快递，而且最终也拿到了快递，不值当花时间、精力甚至金钱成本去打官司。这可能也是这个行业乱象频出却难以解决的根本原因吧。

那这个问题难道只能这样了吗？就任由快递员和消费者这样"冤冤相报"下去？我想不是的。从监管层面来说，邮政管理部门作为快递业的行政主管部门，可以通过监管手段对快递公司进行管理，并且积极争取立法上的支持；作为消费者，在自身合法权益被侵害时，要勇于用法律武器维权。

# 02 "双十一"的那些套路，法律上该如何应对

每年的 11 月 11 日，都是全民购物的狂欢节。有些人忙着计算优惠，有些人忙着"薅羊毛"，也有人担心尾款该怎么付。"双十一"的那些套路，你真的知道吗？

每年双十一预热期间，你见到最多的两个字是什么？ 我猜，有人会回答"预售"。这期间连手机壳都要搞预售，先交定金后付尾款，尾款付完才发货。

这种交定金式的预售，对消费者有利也有弊。从法律上看，交钱一方交了定金后，如果不付尾款，定金就不予退还；收定金一方如果反悔不卖了，就要双倍返还定金。所以在双十一活动中，一旦你忘了付尾款，定金就拿不回来了。当然，如果商家取消订单不卖了，就得赔你双倍定金。

除此之外，大家还有一个共同的烦恼——平台的价格计算方式太复杂了。除了付定金、交尾款，还有店铺优惠券、平台优惠券、消费券、品类券等多重花样，消费券不参与满减、店铺优惠券不参与跨店折扣，结果你忙活到最后，才发现并没有得到多少优惠！

我来告诉你，遇到这些情况不是你数学不够好，而是商家促销规则不明确。这是一种违法违规行为，侵害了消费者的合法权益。《规范促销行为暂行规定》明确，经营者开展促销活动，应当真实准确，清晰醒目标示活动信息，以显著方式标明或者通过店堂告示等方式公开折价计算的具体办法。未标明或者公开折价计算具体办法的，应当以经营者接受兑换时的标价作为折价计算基准。遇到商家促销规则不明确导致未享受优惠折扣的情况时，消费者可以要求商家按照促销规则兑现优惠承诺，或者向市场监管部门投诉举报，市场监管部门在查实后可以责令停止违法行为，最高处 200 万元罚款，吊销营业执照。

除了这个问题，还有不少商家会玩"先涨价后打折"的花样，这是消费欺诈，可以通过法律手段来追回损失。采用先涨价再降价的方式搞促销，让消费者误以为得了很大的实惠，从而下单抢购，这一行为是违法的，涉嫌虚假宣传，对消费者构成欺诈，消费者可要求退还货款，并要求三倍赔偿。同时，还可以向市场监管部门投诉举报，由市场监管部门介入调查和处理，责令整改，并对其进行罚款。

根据《规范促销行为暂行规定》，商家要搞降价活动，应当标明或者通过其他方便消费者认知的方式表明折价、减价的基准。如果未标明或者表明基准，其折价、减价应当以同一经营者在同一经营场所内，在本次促销活动前七日内最低成交价格为基准。如果前七日内没有交易的，折价、减价应当以本次促销活动前最后一次交易价格为基准。2019 年北京互联网法院就受理了一起涉及某品牌男装的双十一欺诈案，最终判决"退一赔三"。

定金金额虽小，维权成本却很高，这背后藏着的陷阱，是消费者不应忽视的。双十一实质上是商家们精心打造出来的消费噱头和促销手段，目的就是从你钱包里掏出钱，切不可冲动。

而随着信息技术和营销手段的升级，双十一的消费套路远不止于此。不知你有没有遇到过这样的场景？下午，正和朋友聊天说想买苹果手机，说着说着打开了微博，发现微博广告中弹出了苹果手机的特惠价。你不信邪，又点开了淘宝，淘宝首页也是苹果手机的广告。

这只是大数据时代一个再普通不过的场景。

你和朋友小明约定好在同一家店买下这款心仪的手机。付款时，你发现你需要支付 7099 元，小明却只要付 6599 元。按照互联网行业的说法，这叫"目标群体的精细化运营"。听起来文绉绉的，实际就是不同人不同价，俗称"杀熟"，专宰老客户和熟客。

作为律师，我很清楚这是对消费者知情权的侵害，是对公平、平等原则的践踏，更是一种价格欺诈和不正当竞争。商家为了追求利润最大化，搞出"个人定制价"这种名堂。其实作为消费者，我们每个人都有权知晓正常的定价。

2021 年 11 月 1 日，《个人信息保护法》正式实施，大数据杀熟被纳入法律规制。在法律上，"大数据杀熟"对应着一个专业名词，叫作"自动化决策"。《个人信息保护法》提出"应当保证决策的透明度和结果公平、公正，不得对个人在交易价格等交易条件上实行不合理的差别待遇"，"通过自动化决策方式向个人进行信息推送、商业营销，应当同时提供不针对其个人特征的选项，或者向个人提供便捷的拒绝方式"。这是一个好的开端，相关的法律空白会被逐步填补。

想象一下，假如你在网上购物，点下购买按钮时，系统自动提示：商品标准价 168 元，您的特惠价 198 元。如此，商家还敢明目张胆来杀熟吗？

　　商家的终极目标是营利，他们会以不断升级、改良出新的营销手段，从消费者身上搜刮出更多的利润。今日是双十一、大数据，明日又是什么呢？商家和消费者之间，似乎一直在上演着攻与防的大戏。商家和消费者之间的关系，应该是互利共赢而不是尔虞我诈、互相伤害。

　　敬畏市场、敬畏规则、敬畏人性，这才是我们最该思考和去践行的。而我们法律从业者能做的，就是帮助大家用法律捍卫底线。

# 03　聊聊疫情期间白菜价格的问题

2020 年 1 月 26 日，时值新冠肺炎疫情最严重的时候，不少郑州市民反映，某超市一棵白菜售价 63.9 元。市场监管部门对超市负责人进行了行政约谈，并作出 50 万元的行政处罚。网上相关新闻评论区中，全国各地网友晒出的天价蔬菜，让人触目惊心。

新冠肺炎疫情发生期间，在家不出门的日子，每天能吃上新鲜的白菜，是一种幸福。如果此时出现天价蔬菜，那就涉及法律问题了。今天，咱们就从法律层面来给大家说说白菜价格的问题。

我们国家对大多数商品和服务的价格实行市场调节价，对极少数商品和服务的价格实行政府指导价或者政府定价。市场调节价是指由经营者自主制定，通过市场竞争形成的价格。也就是说，商家可以对商品定价，涨价或者降价受商品经济规律影响，供大于求就会降价，而供不应求就会涨价。像白菜等蔬菜，就是属于这类实行市场调节价的商品。

疫情发生，又赶上春节假期，白菜供不应求，价格上涨是合法、合情、合理的。但是这不代表商家可以无限制地涨价，想卖多少钱就卖多少钱。《中华人民共和国价格法》（以下简称《价格法》）规定，商家哄抬物价，牟取暴利，损害消费者合法权益，是违法行为，可以由相关部门责令改正，没收违法所得，处以罚款，情节严重的，责令停业整顿，或者由工商行政管理机关吊销营业执照。

因此，如果遇到大发国难财的黑心商家，我们可以向市场监管部门举报。举报步骤和方式是：

1. 取证。购买天价商品后，收集好购物小票或者发票，最好拍下现场价签等信息。

2. 举报。拨打12315，或者在微信、支付宝"城市服务"中找到12315市场监管的入口，提交相关证据。温馨提示：遇到黑心商家，一定不要在现场发生冲突，如果因为冲突受伤或者把对方打伤，还可能承担法律责任，得不偿失。

蔬菜是抗击疫情过程中非常重要的基础保障物资，偏偏有人要黑心发国难财，这种行为是法律明文禁止的，为什么还有人以身试法呢？

这与监管和处罚力度不到位、广大消费者听之任之有很大的关系。如果相关部门能够加大监督力度，严厉打击和处罚此类行为，消费者在遇到这种黑心行为时，能够勇于站出来，相信铤而走险的无良商家会少很多。

我们还应该看到，在这个时候卖天价蔬菜的，毕竟是个别现象。2020年春节疫情期间，超市的蔬菜供应还是比较充足的，价格也相对平稳，除了排队的人多一些，与平日里的区别也不大。特殊时期，我们不要过度放大个别的负面现象和情绪，要相信，现在我们的国家，比以往任何时候都要强大，完全有能力战胜疫情。

# 04　央视曝光健身房办卡陷阱

深圳金女士在小区的赛乐威健身房交了 6000 元，办了 5 年的健身卡。没想到，健身房不开了，交的钱却不能退！会员维权路漫漫，商家跑路已成常态，你遇到过类似的情况吗？

健身卡、游泳卡这类预充值的卡片，我认为包年的不如按次计算的划算，时间越长越不划算。别问我怎么知道的，因为我经历过。2 年有效期的健身卡，最后可能连 20 次都用不到。

让我们回到这条新闻。这类商家通常都抱有这样的想法：反正我就是没钱，你去告吧，告了法院也没法执行我。这其实就是无赖，把钱拿到手走人，消费者无处维权。出现这种事怎么办？

第一，这种情况下，商家肯定是违约的，要么退钱，要么继续提供健身服务。消费者应当尽快起诉，通过法律手段来维权。先起诉到法院，进入强制执行程序，这是最有保障的。就算真的暂时执行不到钱，也可以把违约责任人纳入黑名单，进行信用惩戒。

第二，商家这样耍无赖，可能也是计划好的。如果商家就是为了骗钱搞的健身房会员卡充值，一开始就想在拿到钱后跑路，这可能涉嫌合同诈骗犯罪，证据充分的情况下可以报警追究其刑事责任。

消费者在选择这类预充值健身服务时,要注意识别,要有风险意识。面对这种6000元包5年的服务，内心要有个预判，这家店能否存活到你办的卡的到期时间？建议还是谨慎选择。

建议由国家通过法律法规手段，市场监管部门加强监管，对这类超长预充值的服务加以限制，避免因不确定性给消费者带来损失。

2021年3月16日，北京市体育局与北京市市场监督管理局共同修订完成的《北京市休闲健身行业预付费服务交易合同》，向社会公开征求意见，引入了7天冷静期。即对健身房和客户签订的合同规定示范文本，在里面加上一个条款，约定签订合同后的7天内，在没开卡使用的情况下，消费者可以无条件解除合同，不用承担违约责任。

本质上，设置冷静期，是一种合同行为，不是政府行政命令，是行政主管部门对健身行业加强监督的体现。由于健身房都是预付款制，周期长，健身房经营者跑路导致消费者权益受损害的情况时有发生，这种做法值得推广。

但是不论哪种外界干预，更重要的，还是我们的风险意识和企业的遵纪守法。

# 05 加价抢票与黄牛有区别吗

近年来，针对春运一票难求的情况，不少互联网平台推出了加价抢票服务。加价抢票是指在网络上购买火车票时，少则加价几十元，多则加价上百元，由系统自动为旅客抢票。此前有媒体报道，平台表示加价后可以将抢票成功率提升70%、80%，甚至更高。由于机器抢票比人工手动抢票速度快，成功率较高，所以很多旅客购买了抢票服务。

我平时也会在第三方购票软件购买火车票。时间紧急、不好买票的时候，我也试过购买抢票加速包。加速包的价格10—30元不等，不同的价格，系统提示的抢票成功概率也不同，更有包年、包月套餐。如果你赶时间，大概率会选择购买加速包服务。加速包让旅客的购票成本增加了不少。有的短途车票总共才10多块钱，加速包就要20元。

有一回，我打算买火车票。当时距离发车时间还比较久，但系统显示我想买的那趟车已经没票了。我决定碰碰运气，不用加速包，没想到，没过几分钟竟然有票了。后来听说，火车票的余票好像是分批分时间段放出的，有时临近发车时间还会放出一批票。

那么，第三方购票软件中的抢票加速包到底有没有猫腻，又合不合法呢？

　　在实名制购票和网络购票实行之前，活跃在各大车站的黄牛们可谓赚得盆满钵满。而今，不少第三方购票软件推出的抢票功能，最大卖点就是多花钱办好事，说到底，有点像"技术黄牛"。

　　据第三方购票软件的抢票须知介绍，加速包的原理是通过系统自动刷票，发现有余票时迅速下单占座，从而实现抢票。也就是说，加速包是用户花钱购买服务，利用技术手段获取购票信息，再进行购票操作。那么，使用加速包的付费用户就可能比普通用户的购票成功率更高。

　　在法律层面，抢票加速包有违法、违规嫌疑。假如购买加速包的旅客真的可以更快地抢到车票，可能违反《民法典》的公平原则，侵犯其他旅客的合法权益。另外，加速包自动刷票，是否违反了网络信息安全相关规定目前还存在争议。如果加速包不能加速，只是刻意制造一些噱头，或者隐蔽收费，那就涉嫌欺诈，损害消费者知情权等合法权益，第三方购票软件可能要承担民事责任、行政责任甚至刑事责任。

　　最后，再提醒一下，大家网络购票时最好使用官方 App，使用第三方软件时应当注意付费明细和付费金额，以免上当。

# 06　知法犯法？揭秘选秀节目投票发展史

----------------------------------------

2021 年 5 月，一段把牛奶倒进沟渠只留下瓶盖的视频，引起了广大网友的关注和质疑。有网友称，倒牛奶是为了给爱奇艺的选秀节目《青春有你 3》投票。5 月 6 日，爱奇艺宣布停止《青春有你 3》节目的录制和直播，即刻起关闭《青春有你 3》所有助力通道；对于已购买商家活动装产品但未使用的用户，平台和商家共同协商，确保妥善解决。

----------------------------------------

"倒奶打投"事件为何会引发全社会的广泛关注？除了恰逢《中华人民共和国反食品浪费法》（以下简称《反食品浪费法》）生效，还在于反映出选秀投票背后错综复杂的社会问题。

2002 年，美国推出了一档名为《美国偶像》的真人秀节目，这档节目被公认为全世界选秀节目的鼻祖。2003 年，湖南电视台举办了一个针对男性的歌唱比赛，最早的名字是"湖南大众歌会——情歌王子选拔赛"，后因"情歌王子"这个名字惹来了一些争议，改名为"超级男声"。2004 年，湖南卫视又如法炮制了《超级女声》。

那时候，网络的普及率远远不如现在。《超级女声》节目组开通了短信＋电话投票环节，选手的去留由评委和观众一起决定。2005 年《超级女声》的投票价格是：移动用户每发送一条短信 1 元，联通用户和小灵通用户每发送一条短信 0.5 元；当时还有座机，也就是固定电话，每通电话 3 元。

当时一斤番茄的价格大约是 0.5 元，一斤猪肉价格大约是 4 元。通过这样对比，我们可以看到，在 2005 年，支持偶像一票的成本是不低的。

在那会儿就出现了粉丝花费不菲支持偶像的现象，有的粉丝用好几个手机号给偶像投票助力。2005 年《超级女声》冠军李宇春在总决赛中拿下了 352 万张票，这个票数不是从海选到决赛的总票数，而是这一场决赛的得票。而整个总决赛，所有选手票数加在一起，有上千万张。

一夜之间，选秀节目如雨后春笋般冒了出来。2007 年，国家广播电影电视总局明确要求，不得采用手机投票、电话投票、网络投票等任何场外投票方式，要设立科学的评选标准和赛事规则。场内投票方式要公开、公平、公正，不得以各种方式误导、诱导观众投票，群众参与的选拔类活动一律不设奖金、奖品。

禁令颁布后，2010 年的选秀节目《快乐男声》取消了短信投票环节，但是仍然保留了网络投票。

2010 年的时候，互联网相对普及，小灵通、彩信等业务开始衰落，这是节目组取消短信投票的重要前提。所以这并不代表节目严格执行禁令。

做综艺不是做慈善，2005 年，蒙牛冠名《超级女声》，仅半年该公司的纯利收入就达到 2.5 亿元，同比增长 34%，选秀节目背后是资本的冷酷运作。十几年过去了，选秀节目的商业化运作更成熟，但为什么往年的选秀节目没有出现倒牛奶的现象，偏偏 2021 年出现了？

说到底，这还是资本的运作。往年，选秀投票的牛奶激活码是印在瓶身标签背面的，不需要开封牛奶就能获得，不影响二次销售。粉丝可以将没有标签的牛奶低价转让到市场，所以往年几乎没有出现浪费牛奶的现象。

但是站在牛奶厂商的角度，选秀特定款的牛奶流入了二手市场，无法起到刺激销量的作用。所以牛奶厂商改变了策略，把激活码印在瓶盖里，只有拆开瓶盖才能投票。粉丝需要的是瓶盖，而牛奶厂商想要的是钱。

显然，节目制作方制定出这样的规则，也是难辞其咎。

2020 年 2 月 21 日，在国家广播电视总局网络视听节目管理司的指导下，中国网络视听节目服务协会联合爱奇艺、优酷、央视网、快手等视频网站发布了《网络综艺节目内容审核标准细则》。这里面，就有《青春有你 3》的发行方——爱奇艺。

细则的第五十条明确规定了选秀及偶像养成类节目中不得出现的内容。节目不得设置"花钱买投票"的环节，不得刻意引导、鼓励网民采取购物、充会员等物质化的手段为选手投票、助力。

而《青春有你 3》是 2021 年 2 月 18 日开始播出的，开播日期在细则生效之后，按理说应该受细则的约束，但综艺方仍然选择了物质化的手段为选手投票。

倒牛奶事件被曝光后，北京市广播电视局印发了《关于进一步加强网络综艺节目管理工作的通知》，规定了网络综艺节目需制定科学合理的评分和晋级标准。节目中不得设置"花钱买投票"环节，严禁刻意引导、鼓励网民采取购物、充会员等物质化手段为选手投票。和之前的综艺细则里的规定，可以说只有两个字的差别，那就是"严禁"。

我认为，靠政策法规、一纸文件解决选秀节目的投票乱象，既不现实，也违背客观经济规律，禁止了牛奶，还会有玩偶等。除了强制性规定，还需要节目方的自律、粉丝的理智，以及一个共赢的选秀模式。

经常有人问我对"饭圈"怎么看，其实关注和支持综艺选秀节目、支持自己喜欢的训练生，这件事本身并没有错。许多粉丝是在校学生，或者刚刚参加工作的年轻人，花一样的年纪，有自己的兴趣爱好，这是好事。用自己的方式表达喜欢和爱，这种热情、用心和专注，是人生中非常可贵的品质。

娱乐和追星不是生活的全部，更不能为了娱乐和追星去挑战规则和底线。做守法向上的好青年，好好生活，好好学习，好好工作，辩证地欣赏和学习偶像的人品以及作品中真正好的东西，并将其转化成个人成长的精神力量，这才是偶像的价值和表达对他们的喜爱的正确方式。如此，才能不辜负这份爱。

# 07　看电影也可能违法

------------------------------------------------------------

也许你觉得看电影是件小事，但是说出来你可能不信，很多人在看电影的时候违过法！不信？那回答我的问题：在影院的时候，你有没有用手机去拍摄正在播放的电影？

------------------------------------------------------------

我们国家有部法律，叫作《中华人民共和国电影产业促进法》（以下简称《电影产业促进法》），是2017年3月1日开始实施的。这部法律第三十一条明确规定，未经许可，任何人不得对正在放映的电影进行录音录像。这种录音录像的行为，被称为"盗摄"。发现盗摄怎么办？电影院工作人员有权予以制止，并要求删除；相关人员要是不听，工作人员是有权要求其离场的。

所以，记住了，看电影的时候对着屏幕拍视频，不管你拍了多少，也不管你有没有发朋友圈，都是违法行为！

2019年，某明星在电影院看电影时，想分享喜悦，就顺手发了含有电影画面的微博。很快，就有网友在评论区提醒，这会影响片方的利益，这个明星意识到了错误，把配图换成了电影的海报，可以说是给大家上了一堂普法课。

有人可能要说了，不就是拍个照或者录一小段视频吗？怎么那么小题大做？我进影院也是付费买票了的，发出去还是给电影做宣传了呢。

　　而现实是，虽然你付了费，但只是购买了现场观看的权利，不代表你能随意拍摄银幕并进行传播。从道德上来说，盗摄是对电影片方和影院的不尊重。人家辛辛苦苦拍出来的电影，还在付费放映，你偷偷拍了，还发出去传播，很明显不合适。对于还没看过这部电影的朋友来说，你这是"剧透"，要被骂的。在法律层面，电影是受《中华人民共和国著作权法》（以下简称《著作权法》）保护的，盗摄可能侵犯了版权方的复制权、信息网络传播权等权利，情节严重的，还可能涉嫌犯罪，最高可以判 7 年有期徒刑。

　　比如，很多电影在上映期间被不法分子盯上了。不法分子对正版影片进行翻拍，制作高清盗版片源，还把翻拍的盗版片源添加水印并加密后上传至网盘，以付费加盟会员的形式，将万余部电影提供给下游的私人影吧，非法放映牟利。一起被侦破的案件中，警方预估总涉案金额达 7.87 亿元，而当年春节档所有电影的总票房也不过百亿。这还仅仅只是一个团队的"成果"！

　　我们普通人去看电影，一般不会全程翻拍下来，在网上发给别人看，甚至拿去卖钱，但是谁也不能保证其他人不这么干。也许你觉得随手拍一小段发出去没什么，但是如果每个人都这么拍，还有多少观众愿意去电影院？没有付费的观众，创作者的积极性也会受到打击，长此以往，电影市场终将遭遇毁灭性打击。

　　古人说："千丈之堤，以蝼蚁之穴溃；百尺之室，以突隙之烟焚。"盗版侵权和违法犯罪看起来离普通观众很远，但就在我们身边，在我们的不经意间。拒绝盗摄，尊重版权，请文明观影。

# 08 三亚"海胆事件"当事人维权成功

2021年4月10日，一名消费者在海南三亚旅游吃饭时，称自己点的海胆蒸蛋里面只有蛋没有海胆，与商家协商后退掉了228元的海胆蒸蛋。事后，消费者遭遇店员威胁，于是选择报警处理。4月11日晚间，三亚通报"海胆事件"初步调查结果：未发现价格欺诈行为。4月12日，海南省省长冯飞回应该事件：将深入调查。后当事人公开发文说，维权成功，店家上门道歉。

这起事件被定性为"当事人与店家由于区域文化的认识不同导致的一场消费纠纷"。事件的最终结局是双方握手言和，矛盾纠纷得到解决，但事件的整个过程却是曲折和艰难的。

旅游消费纠纷发生频率非常高，几乎人人都有可能遇到。作为消费者，我们该如何规避这类问题，或者在不幸遇到此类问题时，该如何维权？以三亚"海胆事件"中暴露出来的价格和食品安全、质量等问题为例，我给大家几点建议。

第一，旅游期间，在消费之前了解一下不同商家相关商品的价格，价格较高的建议多比价。

第二，消费前先问清楚价格，或者有无明码标价。要了解清楚计价单位，比如，是按斤、两、克还是件，并保存好消费票据、支付凭证等证据，尤其注意要弄清楚商家的名称。

第三，如果发现价格欺诈或者其他侵权行为，要第一时间拍照、录像取证，并根据消费票据、支付凭证等证据材料，与商家进行友好协商。协商不成，可以拨打12315，或者通过12315公众号、网站等向市场监管部门投诉，投诉时须告知或输入商家、企业名称。12315是整合了工商、质检、食药、价监以及知识产权等行政主管部门职能的。

第四，如果商家存在威胁、侵害人身、财产安全的行为，要第一时间拨打110报警。

第五，如果经过市场监管、公安机关等部门协调处理，仍然有民事争议不能解决的，可以考虑通过调解组织调解或者直接向法院起诉的方式解决。

客观地讲，三亚"海胆事件"并不是一个成功的维权案例，至少不是一个正常程序下的维权案例。舆论监督必不可少，但切不可把舆论当作维权的利器。舆论是一把双刃剑，用舆论维权费时费力不说，维权成本可能比走法律途径还要高。而且，如果人人遇到事情都不寻求法律途径，而是都依赖舆论，那无疑是社会的倒退，也是法治的悲哀，长此以往，社会也就乱套了。在法治社会之下，一切矛盾纠纷都应回到理性、合法的轨道上来解决。

# 09    景区游客太多可以要求退票吗

2021 年 5 月 2 日，湖北荆州某景区，有游客在网络上反映某景区人太多，从早 7 点排队到 11 点，现场十分拥挤，有人大喊退票。后景区工作人员回应确认此事，并已为游客全额退票。

景区游客过载，一方面说明人们的旅游积极性高，另一方面也反映了景区在管理和应急上的问题。

先来说说作为游客，遇到景区过度拥挤该怎么办的问题。如果你提前购买了门票，当天却因为现场游人过多、排队时间过长无法进入景区，景区是要承担责任的。从合同的角度来说，景区属于违约。卖了门票却无法给游客提供游览服务，根据《民法典》的规定，就要承担相应的违约责任，比如全额退票、采取补救措施、另行为游客安排游览时间，造成损失的，游客还可要求景区赔偿。

所以，遇到这种情况，可以与景区工作人员沟通，要求退票，或者改签至其他时间。协商不成，可以通过 12315 进行投诉维权，必要时还可以直接向法院起诉。

第二个问题，为何会出现游客过多无法正常游览的情况？这确实与五一长假出行的人太多有关，但也说明了景区管理方没有对景区的承载能力做充分评估，没有在门票销售上做调控。比如，每天只卖多少票，对进入景区人数进行限制，现场加强安保，等等。只管卖票而忽略了现实情况，导致游览体验极差，景区是应该加以反思和改进的。

婚恋家庭问题

# 01　给离婚设置冷静期有必要吗

2021 年 1 月 1 日，《民法典》正式施行。其中，婚姻家庭编中新增的离婚冷静期制度引发热议。《民法典》第一千零七十七条规定，自婚姻登记机关收到离婚登记申请之日起三十日内，任何一方不愿意离婚的，可以向婚姻登记机关撤回离婚登记申请。前款规定期限届满后三十日内，双方应当亲自到婚姻登记机关申请发给离婚证；未申请的，视为撤回离婚登记申请。

《民法典》规定了 30 天的离婚冷静期，在协议离婚程序中人为设置时间限制，不当场发离婚证，相当于给夫妻双方提供冷静和反悔的机会，类似于一种拖延战术。

那么，设置离婚冷静期是不是在限制离婚自由，甚至纵容家暴呢？设置离婚冷静期的初衷到底是什么？是降低离婚率，还是通过降低离婚率来化解婚姻危机？设置离婚冷静期是否真的有必要？

要回答这些问题，我们首先要弄清楚关于离婚的法律规定。

在我国现行法律中，离婚有两种方式：协议离婚和诉讼离婚。协议离婚是夫妻双方协商一致后，到民政局办理离婚登记；诉讼离婚是向法院起诉，由法院判决或者调解离婚。《民法典》中的离婚冷静期针对的是协议离婚。

有了离婚冷静期以后，协议离婚会发生什么变化？

实行离婚冷静期制度前，只要夫妻双方协商一致，就可以在民政局现场领到离婚证，当场就可以成功离婚，解除法律上的婚姻关系。

实行离婚冷静期制度后，即便夫妻双方协商好了，到民政局提交了离婚申请，最快还得等 30 天才能领到离婚证。并且，如果在这 30 天内，任何一方反悔的话，都可以申请撤回离婚申请；30 天后，如果双方在接下来的 30 天内没有亲自去民政局申请离婚证，也离不了婚。

也就是说，协议离婚从以前的当场就可以办好离婚证，到现在要至少 31—60 天才能拿到离婚证。

对于离婚冷静期，我认为不能单纯说是好还是坏，只能说在什么情况下更有利于哪一方。我们来看 3 个场景：

场景 1：实际上不想离婚。夫妻之间没有原则性问题和矛盾，只是因为琐事争吵，一时冲动跑到民政局协议离婚。

这种情况下，设置离婚冷静期是利大于弊的。现实中，很多夫妻因为一些小矛盾吵架，闹着要离婚。双方在气头上，谁也不让着谁，很可能就跑去民政局把婚离了。这造成的一个结果就是：在这样的情况下，离婚的成本太低了。想离就可以很轻松地离，离完之后又后悔，甚至没多久就和好如初了。这不仅是对婚姻的神圣感、稳定性的冲击，动摇了婚姻关系中自我消化矛盾的基础，客观上也造成了公共资源的滥用。

对于这类小打小闹的夫妻来说，离婚冷静期的设置是有利的。这也是《民法典》新增这个规定的现实基础之一，因为生活中这种情况确实太多了。给对方一个机会，也是给婚姻一个机会。

场景 2：没想清楚离不离婚。双方感情上确实出现了问题，也想过离婚，甚至协商过离婚协议，但是还没有下定决心。

　　这种情况下，设置离婚冷静期仍然是利大于弊的。有时候，让夫妻双方最终决定离婚的，除了哀莫大于心死的感情，还有很多客观因素，比如孩子，比如父母，比如担心名誉等。夫妻双方可能并非不爱了，而是缺乏一个直击灵魂的契机，去唤醒他们内心最真实的想法。这样的夫妻，实际上就是在做最后的抉择。也可能，一个偶然的机会下，他们决定走进民政局。但是真正拿到离婚证后，却不由得生出莫名的失落感，发现自己最爱的还是对方，后悔当初没有再慎重一些。

　　在这种场景下，设置离婚冷静期便是一种尽最大努力去挽救一段婚姻的有效手段，仍然是有必要的。一段感情的破裂、一段婚姻的结束总有一个过程，感情和婚姻的稳定性也需要时间来权衡。

　　场景3：离婚是最好也是唯一的选择。出现家庭暴力，甚至已经有严重伤害的情况，必须及时止损。

　　这种情况下，离婚冷静期无疑成了纵容家庭暴力的帮凶。其实这种情况也是人们当前质疑、反对离婚冷静期的主流声音。确实，在当前的法律制度框架体系内，我们还不能及时有效地惩治家庭暴力，而现行的离婚制度让受害者想立即离婚止损却不得，甚至在客观上增加了家庭暴力的伤害程度和后果。法律不仅不能让双方顺利分开，还在客观上增加障碍，似乎是一种反人性的存在。不过，真的到了这种时候，协议离婚也不太可能，通常是诉讼离婚，诉讼离婚是不涉及离婚冷静期的。

　　所以，从这个场景来看，离婚冷静期的存在，对存在家庭暴力而希望协议离婚的受害一方并不友善。

　　怎样才能让受害者在法律的保护下及时止损，是一个值得思考的问题。家暴只有零次和无数次，当其中一方向另一方动手，这段感情和婚姻的必要性已经不复存在了。我一直坚持对家庭暴力零容忍的观点，希望能为受害者提供及时、有效的法律援助方案。

不过，我认为，在信息化时代，家庭暴力的问题被过度放大了。家暴者必须被严惩，对施暴者不能原谅，但不是所有的离婚都是家庭暴力导致的。绝大部分的婚姻和感情，还是需要必要的挽救。法律是一个社会普适性的规则，不可能精确地去调整婚姻关系，对于一些极端和恶劣的现象，需要通过完善相应的法律规定、司法解释，来有针对性地加以应对，而非草木皆兵，一竿子打死。

最后，我想说的是，设置离婚冷静期有其必要性，婚姻非儿戏，"入围"须谨慎，对婚姻的不负责任，才是造成婚姻问题的罪魁祸首。

# 02　婚前体检到底要不要强制

--------------------------------------------------------------------

　　李某与江某经人介绍相识后，很快确定了恋爱关系，订婚后双
方开始同居。2020 年 6 月，李某怀孕，双方登记结婚。后江某向妻
子坦白身患艾滋病数年且长期服药。虽然最终证明李某并未被传染，
但丈夫的病依然让李某无法接受。李某决定终止妊娠并向上海闵行
区人民法院起诉要求撤销婚姻。闵行区人民法院经审理，并依据已
正式施行的《民法典》，依法判决撤销原被告的婚姻关系。

--------------------------------------------------------------------

　　法律能撤销一方隐瞒疾病的婚姻，却化不开故意隐瞒疾病者的险恶
之心。

　　2021 年 1 月 1 日，《民法典》正式施行，规定结婚前一方隐瞒重
大疾病的，另一方可以申请撤销婚姻。这个规定虽然能起到救济作用，
却也有让人不解的地方。既然隐瞒重大疾病可以撤销婚姻，那为什么
不能强制婚前检查？这样，有什么重大疾病都能检查出来了，也不用
结婚之后再去撤销，岂不更方便？

　　事实上，在 2003 年 10 月《婚姻登记条例》施行之前，到民政局
登记结婚是需要婚前医学检查报告或者医学鉴定证明的，但该条例取
消了强制婚前体检。而且，《民法典》也删除了之前《婚姻法》中"患
有医学上认为不应当结婚的疾病"的条件，这意味着身体健康状况不

再成为影响结婚的条件，一切都靠自觉。

取消强制婚检，不把疾病作为禁止结婚的条件，这在法律层面是有考量的。结婚自由是公民的基本权利，从法律层面来讲，不能用是否有疾病来限制结婚。而且，随着人们婚育观念、医疗技术等的发展和进步，疾病也不能绝对阻止人们结婚和正常生活。《民法典》的新规其实更加尊重人的权利，更加人性化，也蕴含着法治精神和法治文明。

然而，立法的进步不代表人性的向善。一旦靠自愿、自觉，人性之恶就暴露出来了。

现在结婚的手续很简便，两个人带身份证、户口本等证件去婚姻登记处就可以办了。不强制婚检，下一代一些先天性疾病的预防，也许就不能引起夫妻双方的足够重视，如果一方有意隐瞒重大疾病，便在一定程度上侵害了配偶的知情权，还可能伤害对方。

一方面，一些严重的疾病会对婚后的家庭生活造成重大影响，拖累对方和整个家庭，婚前不告知疾病，是很自私的行为。基于夫妻间的诚信，一些比较严重、影响生活的病史还是提前告知的好。

另一方面，如果一方隐瞒疾病，另一方被传染了，即便撤销了婚姻，对另一方身体的伤害也是无法弥补的。如果在结婚时一方故意隐瞒，并且有意传染给另一方，这种情况虽然在理论上可以适用《刑法》《传染病防治法》等法律的规定，对隐瞒者追究法律责任，但是如何取证是个问题，对另一方造成的具体伤害也难以衡量。

因此，我认为以合法合理的方式推进法定婚检，保障配偶知情权，是有必要的。任何时候，都不要尝试考验人性。

# 03　家暴起诉离婚要调解吗

-------------------------------------------------

　　2019 年 8 月 13 日，刘某被丈夫殴打，为了逃生，她被迫从二楼跳下，以致受伤。2020 年 6 月，刘某向法院起诉离婚，当地检察机关以涉嫌故意伤害罪对刘某丈夫提起公诉。法院在同年 7 月 14 日开庭审理离婚案。庭审中，法院组织双方当事人调解，但因意见分歧大，法院不再组织调解。2020 年 7 月 28 日，法院判决刘某与丈夫离婚。此事引发网友热议：为何还要对家暴离婚案调解？

-------------------------------------------------

　　在离婚案件中，调解是《民法典》规定的一个必经程序。法院必须要有这么一个组织双方调解的程序，否则法院就违法了。但调解必须是双方自愿而且能达成协议才行，如果任何一方不愿意调解，或者调解达不成一致意见，法院就不能再继续调解，而是要根据证据和事实进行判决。

　　《民法典》规定可以判决离婚的条件是：夫妻感情破裂，调解无效。不过，关于夫妻感情破裂的认定，在法律层面还存在模糊不清的地方。家庭暴力属于感情破裂的情况，但是既然是打官司，肯定要有相关的证据。法官在审理案件的过程中受主观、客观的因素影响，对感情破裂的认知也存在一些差异，当事人的态度也会变化和反复，这些都是一些离婚官司久拖未决的原因。

不过，《民法典》生效以后，理论上不存在离不掉的婚了。《民法典》第一千零七十九条规定，经人民法院判决不准离婚后，双方又分居满一年，一方再次提起离婚诉讼的，应当准予离婚。

还有个问题是，由于家暴对当事人有很大的危险性，如果等着把官司打完，受害一方说不定连命都没了。所以，起诉离婚是一方面，另一方面还需要解决眼前的现实危险。遭遇家暴的一方可以报警，或者向法院申请人身安全保护令，对施暴的一方进行限制。法院发出保护令后，若施暴者违反限令，法院就可以直接对其进行司法拘留或者罚款。而且人身安全保护令，在后续的离婚诉讼中是一个证明一方施暴的非常有力的证据。

最后，我重申我的观点：对于家暴，我们深恶痛绝。但是，要想解决家暴以及因家暴导致的离婚问题，从司法层面来看需要经过比较复杂的程序。法院是维护社会公平正义的最后一道防线，它不像公安或者其他行政执法部门的主动执法，法院的诉讼程序是一种被动启动的法律程序，而且证据和事实需要绝对严谨和确凿，因为法院判决一旦生效，就具有国家强制力。

所以，法院判一个案子，绝不是凭主观感觉，或者有个差不多就行。这样的法律程序设定，既有好处也有弊端。好处在于，可以尽可能地减少冤假错案，因为法院判决事关人身财产权利甚至自由和生命；而弊端在于，它具有滞后性，不能解燃眉之急。解决家暴问题不能只靠法院，更需要当地村委会／居委会、妇联、公安乃至全社会共同的努力。

# 04　如何看待"两头婚"的婚姻形式

媒体报道江浙一带兴起"两头婚"，当地俗称"不来不去""不进不出""不嫁不娶""两家拼一拼"，主要形式是：婚前双方家庭约定，婚后夫妻双方可以各住各家；生两个孩子，按照出生顺序，一个随父姓，由男方抚养为主；一个随母姓，由女方抚养为主。

所谓"两头婚"，我的第一感觉是，其实就是双方家庭，注意，不是夫妻双方，在婚后家庭地位上的权衡，两个家庭谁也不愿意迁就对方。这其实很符合年轻一代的性格特点。两头婚实际上是以平等为幌子，把婚姻从仪式变成了形式。

客观而言，两头婚确实能在一定程度上解决某些普遍存在的家庭问题。因为双方婚前有约定，不管是孩子的抚养，还是家庭地位，甚至连称谓都是平等的，任何一方都不会觉得自己吃了亏。这可能是目前看来比较有效的解决婚后家庭矛盾的方式。

但是，两头婚带有鲜明的时代特色，它只适用于特定的群体。媒体报道也提到了，"两头婚是独生子女家庭的正常需求"，夫妻双方对父母和原生家庭的依赖非常强，独立性很差。就像有网友说的，双方都是"妈宝"。两头婚看起来就像搭伙过日子，由于过分强调平等，夫妻之间分得很清。实际上也就是过于计较各自的回报，使婚姻的形式大于实质。

　　《民法典》明确规定，结婚后，夫妻双方可以约定互为家庭成员。不过，《民法典》并未明确否定两头婚这种形式。我们可以将两头婚理解为婚姻家庭矛盾突出的情况下的一种新尝试，毕竟家家有本难念的经。至少，两头婚的双方拥有平等的谈判权和资本。有人说："即便这种形式看起来足够平等，但两个孩子都还是女性在生啊，还是存在不平等！"这样说就稍微有些抬杠了。

　　严格来说，两头婚并不违法，它只是一种婚姻关系中的相处模式。虽然它跟目前的社会价值理念有冲突的地方，但它的影响毕竟还有限，适当的求同存异也有利于婚姻关系的完善。而且我理解的两头婚，其实更像是双方家庭通过协商、约定的方式，来解决现实家庭生活中可能存在的矛盾，而非所谓的"形婚"。

# 05 女子离婚 22 年被前夫殴打，为何仍被认定为家暴

2020 年 3 月 7 日，浙江省丽水市景宁畲族自治县人民法院发出浙江 2020 年首张人身安全保护令。男子季某与女子陈某离婚 22 年，离婚后因季某生意失败，一直和陈某母女一起居住。季某多次酒后殴打陈某，甚至持刀威胁。法院裁定，禁止季某对陈某实施家庭暴力。

夫妻离婚都 22 年了，在法律上不属于家庭成员了，前夫殴打前妻为何仍然按照家庭暴力来处理？这种情况下认定家暴是不是意味着对暴力伤害的纵容？

《中华人民共和国反家庭暴力法》（以下简称《反家暴法》）规定，家庭成员之间发生的身体、精神等侵害，属于家庭暴力。离婚了确实不属于家庭成员了，但是在《反家暴法》结尾处，有一条"家庭成员以外共同生活的人之间实施的暴力行为，参照本法规定执行"。也就是说，即便离婚了，只要是共同生活在一起的，仍然可以按照家庭暴力来处理。季某和陈某就属于这种情况。

有人说，既然离婚了，还这样殴打对方，就不能叫家暴，应该按照故意伤害抓起来，判刑。

　　事实上，即便没离婚，打伤了人也还是要按照故意伤害或者故意杀人来处罚。家庭暴力不是一种《刑法》罪名，而只是一种伤害行为，如果情节严重，最终还是要按照《刑法》规定来处理的。

　　那设置一个家庭暴力的概念，对于治理家庭成员之间的暴力伤害有什么作用呢？

　　反家庭暴力制度的设计初衷是好的，但是执行起来却没有那么理想。原因在于，反家庭暴力虽然已经上升到法律层面，单独制定了一部法，但是相应的司法理念却没有更新到与之匹配的地位。现实中，家庭暴力很多时候仍然被人视为家务事，甚至在司法实务中还存在这种危险的认识。接到家暴报警时，警察大多劝和，就是一个很鲜明的例子。所以有的网友会控诉："难道非要等到人被打死了才能管吗？"

　　我想说的是，该报警还是一定要报警。

　　一方面，报警记录在离婚诉讼或者其他维权案件中，是非常有力的证据。它可以证明受害者曾经被殴打过，还报了警，说明事态严重性，而且报警会起到暂时的威慑作用。

　　另外一方面，家暴维权是远水解不了近渴。去法院起诉有一个比较长的过程，不适合紧急情况的处理。受害者遭到家暴之后，还是应该尽可能地暂时隔离，或者到外地去避一下，这是最现实有效的方法。人身安全保护令属于打官司之前的保全措施，受害者可以向法院申请对自己进行人身安全保护。虽然人身安全保护令不能绝对保证安全，可它却是非常有必要的法律手段。最起码，施暴者只要违反保护令，即便伤害行为没有造成严重后果，法院仍然可以对其进行罚款、拘留，严重的可以追究刑事责任。并且，人身安全保护令在下一步的离婚诉讼中也是很有力的证据。

《反家暴法》共三十八条，内容其实比较宽泛。从实际的角度来看，它规定的一些东西，只是把现行法律中一些可能涉及家庭暴力的法律问题进行了归纳、总结，并强化了一些机关的责任。因此，在更细致、更具体方面《反家暴法》还有很多需要改进的地方。

我个人认为，在反家暴工作中，除了立法方面的努力外，司法机关的执法理念需要有所改变。公安对于家庭暴力的报警，不应不区分情况，都按照调解处理来操作，这样对受害者肯定是不利的。有时候，派出所只让施暴者写个保证书就回去，这对施暴者的约束实在有限。所以说，在执法理念上不要把它当作一个简单的家庭矛盾，而应该把它上升到保护人身安全的高度来考虑。

同时，社会大众的观念需要有所改变。家暴不仅发生在家庭内部，也有可能发生在户外场所。公众不要把一家人之间的暴力伤害当作不能干涉的家务事，见到家暴现象要伸出援手。

在反家暴工作中，家暴双方的单位、当地居委会／村委会、妇联、公安等部门，都是法律明确规定的责任单位，有义务制止家暴、保护受害者。我们有必要进一步明确这些单位和部门的职责，让他们发挥反家暴作用。此外，家庭暴力还包括精神暴力，最好能通过司法解释或者从立法角度去明确一些细则。

家庭暴力不是家务事，需要发挥全社会的力量进行治理。

# 06  弒母藏尸案背后的根源问题

2015 年 7 月 10 日，21 岁的北大学生吴谢宇，使用网购的刀具等工具，在家中将生母谢天琴杀害。作案后，吴谢宇编造了母亲陪自己在国外交流学习的谎言，骗了亲友 144 万元供自己使用。为了避免被抓，他先后买了 10 多张身份证件。2019 年 4 月，吴谢宇被抓获归案。2020 年 12 月 24 日，福州市中院一审公开开庭审理了吴谢宇案，吴谢宇被控故意杀人、诈骗、买卖身份证件三项罪名。2021 年 8 月 26 日上午，本案一审宣判，吴谢宇被法院以故意杀人罪、诈骗罪、买卖身份证件罪数罪并罚，判处死刑立即执行，剥夺政治权利终身，并处罚金十万三千元。随后，吴谢宇不服一审判决，提起上诉。

儿女的生日，是母亲的受难日，这是一个被很多人认同的观点。十月怀胎，方能孕育出一个生命，其中的艰辛只有亲身经历过的母亲才能体会；一朝分娩，则意味着更多、更大责任的开始。尤其是在中国的亲缘社会伦理中，这种对儿女的无私奉献，会持续到生命的最后一刻。某种意义上来说，中国的母亲，从怀孕的那一刻起，就做好了将余生全部献给孩子的准备。

　　吴谢宇是北大学生，人们眼中的"天之骄子"，最终却走上了弑母的罪恶之路，半年后才被发现，而他被警方抓住的时候，距离作案时间已经过去了 3 年多，震惊全国。这种行为严重违背人伦道德，触犯法律。他的杀人动机竟是悲观厌世，并将之代入到母亲的价值观，自作主张为生母的生命做选择。不管这是不是他为脱罪而编造的借口，但法律有法律的态度。

　　吴谢宇案背后，有很多值得深思的问题。高智商犯罪的深层原因，仍然是人性。

　　谈及对"吴谢宇案"的看法时，有人抛出了"母亲有罪论"，认为母亲的教育失当导致这个孩子沦为恶魔。

　　在此，我想说，先天的环境、父母的教育，的确会对孩子的成长造成深远的影响，但"母亲有罪论"将责任全部归咎于母亲的教育，是极其残忍和不负责任的。

　　吴谢宇母亲的教育和管束，虽然对吴谢宇的性格和品行造成了影响，但我们还应该看到，在整个教育体系中，除了家庭教育，还有学校教育和社会教育。能考上北大的孩子，应该不是他母亲一个人就能教出来的吧？如果说这是母亲的管教造成的悲剧，一个孩子从幼儿园到考上大学一般要 15 年以上的时间，这 15 年里绝大部分时间都待在学校，照理说学校教育的影响应当更深才是。因此，这个案件不能简单地将责任全部归咎于家庭教育。

　　很多人说，吴谢宇弑母案的根源是教育的失败以及家庭关系的恶化。我认同这个观点。但我认为更重要和关键的，还是心理问题和伦理道德底线的问题。如果每个孩子在成长的过程中都能保持健康向上的心理，对道德、伦理以至法律心怀敬畏，那这类悲剧应该会少很多。

　　弑母的背后，隐藏着严重的伦理和心理危机，归根结底是心理上的误入歧途，其中家庭教育、学校教育、社会教育都负有一定责任。希望这类悲剧不再发生。

# 07　租个对象回家过年，这事靠谱吗

　　每逢春节，大龄单身青年又被催婚，不少人动起脑筋——租个对象回家过年！有媒体做过调查，一些年轻男女，不少还是大学生，公开发布出租自己的信息，可以陪着回家过年，全程扮演情侣，一天 1000 元，还可以接受部分亲昵行为，往返交通及食宿费用由对方承担，收到的礼物红包如数退还。出租自己的目的，大多是赚外快。那么，租个对象回家过年靠谱吗？有什么风险呢？

　　网上"租对象"应付父母，或许真有一定的市场，但这背后难免藏污纳垢，而且存在着很多问题和风险。那么，我们要怎样从法律层面来看待这种现象呢？

　　租男女朋友的性质、形式在法律上类似于服务合同，就是一方给钱，另一方在约定的时间内以对方男女朋友的身份参与相关活动。但事实上，恋爱关系涉及人身权利，以出租的方式确定关系、欺骗父母长辈，可能会因为违反公序良俗而被认定为合同无效。也就是说，这种合同关系可能不受法律保护。

　　当然，如果你实在要租或者出租自己，有些问题还是要注意一下。

　　首先，租男女朋友前需要明确约定双方的权利和义务，也就是该做哪些事情，要约法三章，以免后续产生争议。

其次，在协议服务期间，要明确约定双方亲密行为的界限。比如，要在家人面前或公众场合牵手、拥抱等，这种行为只要双方自愿，一般不属于违法，但要事先约定这是否属于服务项目。

此外，要明确约定两人在独处期间的亲密行为。一般而言，如果是相处期间产生感情，自愿亲密接触甚至发生性关系，也不违法。但若男方在女方不愿意的情况下强行亲密接触或者发生关系，则可能涉嫌强制猥亵甚至强奸罪。女性朋友们要加强防范意识，租女友很可能是个幌子，违法犯罪或许才是真实目的。到时候再后悔，也就为时晚矣了。

最后，租对象的表象之下可能暗藏着一些阴谋。比如，假借租男女朋友的名义骗对方的钱，用租男女朋友做幌子做卖淫嫖娼的勾当，这是涉嫌违法的。

我认为，租男女朋友这类行为，不仅存在极大的伦理道德风险和法律风险，也违反公序良俗。男女朋友可以租，感情却不可以，所谓租男女朋友，不过是自欺欺人罢了。

# 08 男子活埋瘫痪母亲，父母子女之间的伦理底线在哪里

---

2020 年 5 月，陕西靖边，一男子用手推车把 79 岁瘫痪在床的母亲拉出去，埋在靖边县城南万亩林一处废弃墓坑内，还和家人谎称把母亲送上往庆阳的客车，送去亲戚家了。后老人被救出，男子被公安机关以涉嫌故意杀人罪刑事拘留。2020 年 11 月 2 日，靖边县人民法院一审判决男子犯故意杀人罪，判处有期徒刑 12 年。

---

这个案件的判决结果在法律层面上并没有太大问题。故意杀人罪的量刑，会考虑犯罪动机、手段、后果以及社会影响等方面的情况，综合判定。由于该男子供述犯罪行为，老人后被救出，再加上老人本人的谅解，所以不会处以极刑。不过，即便男子上诉，改判更轻处罚的概率也很小。

还有一个问题是，案件宣判前老人已经去世，由于作案男子有故意杀害母亲的行为，所以如果老人有遗产，该男子是无法继承的。

再说一说道德层面的问题。本案在社会上引起了广泛关注，因为活埋亲生母亲有违人伦，自然无法逃脱道德的谴责。

除此之外，本案背后深层次的社会问题，我们应该引起重视。俗

语说："久病床前无孝子。"我认为这种说法不是给杀人者、不孝子找托词，而是反映出一种比较常见的社会现象，反映了一些人的自私，以及对生命和伦理的漠视。

把时间往前移，我们可以看到相似的此类案件，受到伤害的不只是年老体衰的父母，还有体弱多病的孩子。

2020 年 2 月，广州一对年轻父母涉嫌将女婴捂死并埋尸小区游乐场，原因竟是孩子是早产儿且患有先天性疾病。2019 年 8 月，山东新泰发生了一起爷爷活埋刚出生的孙子的案件，万幸孩子被救起。2019 年 7 月，浙江一男子将亲生儿子丢入江中，原因是男子与女友未婚生育，孩子满月后女方把孩子交给男子抚养，男子担心孩子成累赘，影响自己今后的婚恋，遂起杀心。

客观而言，这些都是极端的案例，更常见的是对老人、对未成年孩子的虐待。这其实就是冷漠和自私引发的人性扭曲。

父母与子女，一个给了生命，一个给了希望。当他们受到伤害时，人们不禁要问：当父母与子女间的伦理道德底线被一再突破，人们对亲情的渴望、对法律的敬畏，还剩下多少？

法律的严惩不可或缺，道德和心理教育迫在眉睫。我们每个人都应该敬畏规则，敬畏法律，敬畏生命，让这个社会少一点冷漠和自私，多一些温情和关怀。

# 09 "现实版樊胜美"家属获赔16万元：长辈重男轻女该怎么办

---

　　电视剧里演绎的樊胜美的故事，在现实中上演了，你信吗？有媒体报道，在杭州工作3年的23岁女孩小蒋，不幸遇到江水涨潮，意外去世。随后赶到的父母，没有准备女儿的后事，而是在小蒋生前所在公司已经给予6万元人道主义补偿后，再次要求赔偿35万元，理由竟是要给儿子买房子付首付。小蒋的不幸遭遇引发公众对重男轻女等封建思想的痛斥。

---

　　樊胜美是电视剧《欢乐颂》中的女主角之一。她出身于一个重男轻女的贫寒家庭，工作后还被兄长拖累，赚来的钱几乎被家里耗光。用这个电视剧中的人物形象来形容本事件的当事人，大家也许能有更直观的感受。

　　在这里，请允许我把"现实版樊胜美"事件的来龙去脉简单为大家梳理一下。

　　这件事走入公众视野，是因为《和事佬》的一期节目。《和事佬》是杭州电视台的一档法制调解类栏目，这个栏目不只是一档电视节目，还承担了人民调解的职能。所以，除了要达到新闻传播的效果，还要解决实际的矛盾纠纷，同时对观众进行普法教育。

这期节目所描述的案情其实并不复杂。2019 年 10 月 17 日凌晨，23 岁的女孩小蒋到江边散心，遭遇钱塘江涨潮，被江水卷走，不幸溺亡。警方判断，小蒋的去世属于意外。事发后，小蒋所在的公司向小蒋的家属支付了 6 万元的人道主义抚恤金。但是 3 天后，小蒋父母要求这家公司再赔偿 35 万元，他们要拿这笔钱给小蒋的弟弟买房子付首付。

女儿意外身亡，父母向公司索赔，大家应该听说过类似的故事。为何在这个案例中，舆论一边倒地指责女孩父母？最直接的原因是他们索要赔偿的目的是给儿子买房，再加上节目中曝出女孩生前曾遭遇的来自家庭的压迫，这激起了人们的愤怒。

媒体报道称，女孩的父母最终获赔 16 万元。这个调解的结果并不能反映双方当事人真实的法律责任，但双方当事人都已接受，法律也不会干涉。

本案事实已经过调查，确认小蒋的确是遭遇意外去世，且事发时并非在下班途中或者在加班，只是去散心，那公司在法律层面是没有责任的。基于人道主义给出 6 万元的抚恤金，也合情合理，我们对这家公司是不能过度苛责的。小蒋的父母再次提出 35 万元的赔偿要求，也是得不到法律支持的。

在节目中，我们看到小蒋的父母和公司负责人就赔偿事宜多次协商未果，甚至发生过一些矛盾。在调解不成的情况下，小蒋的父母有权利去法院起诉，但是如果他们不依法主张诉求，而是去公司闹事，或者威胁、恐吓公司负责人，就可能涉嫌违法。

接下来是节目中爆料的，小蒋被父母压榨、索要钱财的问题。父母和子女之间的抚养、赡养，是法律规定的强制性的义务，"你养我小，我养你老"在法律上并不是一个对等的概念。父母没有对子女尽抚养义务，尽管在道德上该受谴责，但是并不能影响到子女长大后对父母的赡养义务。也就是说，即便父母在孩子小的时候没给他们提供好的生活环境和条件，子女成年后，仍然要在符合法律规定的情况下赡养父母。

小蒋才 23 岁，参加工作还不久，她的父母只有在缺乏劳动能力或者生活困难的情况下，才可以向小蒋要赡养费。而且赡养义务只是保障正常的基本生活，并不是说可以无休止地要钱。赡养和要钱是两码事。

女儿去世，家人的心情是可以理解的。但凡事总要在法理和情理的限度之内解决，不能为了解决问题而毫无原则地妥协和调解。如果协商不成，也没必要通过道德绑架来给公司施压，这个社会不是"谁闹谁有理"，也绝不会"按闹分配"，相信法律最终会给出一个公平正义的答案。

受传统文化观念的影响，即便社会发展到今天，我们依然能在一些人的身上看见重男轻女的影子。重男轻女不仅是时代的烙印，也是现实的无奈，是值得我们深思的问题。

# 10　如何看待中国孕妇泰国坠崖案二审改判

2019 年 6 月 9 日，中国一名孕妇与丈夫俞某在泰国的一个公园中游玩，其间孕妇意外坠落悬崖，好在掉落的过程中有大树的树枝作为缓冲，她和胎儿都奇迹般地活了下来。醒来后，孕妇一开始告诉警方，自己是不慎坠崖，之后才说出实情，是她的丈夫试图谋杀她，把她从 34 米高的悬崖推了下去。同年 6 月 17 日，泰国警方将俞某逮捕。2020 年 3 月 24 日，泰国法院一审认定俞某蓄意谋杀罪名成立，判决俞某终身监禁，后俞某上诉。2021 年 5 月 26 日，受害方代理律师向媒体透露，本案二审改判，从一审的终身监禁改为十年有期徒刑。改判的原因，是二审法官认为被告不构成蓄意杀人罪，但构成杀人罪，由于当事人幸存，属于杀人未遂。受害者发文表示将继续上诉。

中国孕妇泰国坠崖案发生后，很多人认为凶手肯定会被判死刑。但本案一审判终身监禁，二审又改判为 10 年有期徒刑，这让大家直呼"看不懂"。

关于孕妇坠崖这起案件，首先我想说的是，毕竟我是中国律师，对泰国的法律不了解，并且本案又在泰国审判，具体细节我们也不得而知，只能通过媒体报道和受害者的陈述来获取一些信息，加上国家法律制度不同，我们不能直接套用中国的法律规定，去评判泰国的判决。所以，我无法进行具体的量刑分析。但我想简单谈谈以下几个方面的问题：

第一，科普一个法律常识。媒体报道提到，受害方对泰国二审判决不服，表示将上诉到泰国最高法院。而我们国家是两审终审制，二审判决就是终审判决，不能上诉。如果对二审判决不服，可以通过申诉来救济。这是两国法律制度上的不同。如果被害方上诉成功，本案还会继续审理，但是在我们国家的话，案件审到二审，就不一定能启动再审了。

第二，我们国家对外国法院的判决是消极承认的态度。如果某人在国外犯罪，按照中国法律应该判刑，即便经过外国法院审判，我们仍然可以追究其刑事责任。但如果其在外国已经受过刑法处罚，则可以免除或者减轻处罚。所以，俞某，也就是孕妇的丈夫，不管在泰国被判多少年，还是可能被中国法院判刑并处罚的，但是判死刑的可能性不大。

第三，泰国的"蓄意杀人"对应的应该是我们国家的"有预谋的故意杀人"。从被害方透露的信息来看，法院因为没找到绳索、刀具之类的杀人工具，没有证据证明俞某是有预谋的杀人，只能认定属于临时起意的过激行为，所以从终身监禁改判为10年有期徒刑。

如果这起案件发生在国内，法院认定丈夫俞某有杀人的故意，把怀孕3个月的妻子从34米高悬崖推下，并且真如受害者所言是为了独吞财产，且有证据证实，即便受害者和胎儿幸免于难，如此残忍的犯罪手段和恶劣的社会影响，大概率判为无期徒刑。

当然，法律规定、审判理念以及国情的不同，客观上确实会导致对俞某的行为性质认定不同。关键问题在于，不管在泰国还是中国，最终怎么判，都要看证据。

第四，如果俞某确实是预谋独吞财产而将妻子推下悬崖，妻子不幸身故，俞某故意杀妻的行为，会导致他丧失继承权，无法获得妻子的那部分财产。现在妻子幸免于难，后续可以起诉离婚，俞某属于过错方，可要求对方少分或者不分财产，并且赔偿损失。

本案的代理律所接受媒体采访时表示，泰国二审法院在事实查明方面不够细致，案件细节证据没有分析论证，将在当事人授权下上诉本案至泰国最高法院。

在道德层面，我们同情受害方，并且对俞某的行为深感愤怒；在法律上，本案事实目前仍然没有定论。这件事让人越想越感到心惊胆战。在现实中，有谁能预料到，每天和你同床共枕，承诺将永远爱你的人，却是一个人面兽心的恶魔？在爱情和婚姻的稳定性屡屡被质疑的今天，中国孕妇泰国坠崖案可能让诸位更加怀疑婚姻。

我们要知道，法网恢恢疏而不漏，再隐秘的角落，也无法逃脱正义阳光的照射，正义之光会驱散一切阴霾。

最后，我还想说，爱情和婚姻的终极目的不是限制自由、束缚人性，而是携手走得更远的勇气和承诺，做不到就请放手。可以不爱，但不要伤害。

# 11　女性单身生育有哪些问题

2021年1月22日，歌手华晨宇在微博发布"是的，我们有一个孩子"，

张碧晨也发微博回应，并承认了她和华晨宇未婚生子的事情。

　　经常会有朋友问我未婚生育相关的法律问题。比如，未婚生育是不是违法？生下来的孩子能不能上户口？怀孕生产和孩子上学过程中会遇到哪些问题？非婚生子女和婚生子女的法律权益有没有什么不同？单身女性生育孩子，能否正常享受生育保险、产假等方面的待遇？如果女性瞒着男方或者不顾男方反对，坚持把孩子生下来，是不是侵犯男方的生育权，等等。接下来，我就和大家聊一聊，女性单身生育面临的那些问题。

　　一般来说，在不结婚的情况下，单身女性想要生孩子，主要有两种方式：一种是代孕，另一种是自然受孕分娩。大家都知道，代孕在我们国家是不合法的。那没有办理结婚登记就自然受孕生下孩子，违法吗？

　　对于这个问题，大家可能有不同的观点，我看到一些法律同行也在辩论这个问题。事实上，我们国家现行有效的法律中，并没有哪一条禁止未婚生育。而且《民法典》明确规定，非婚生子女享有与婚生子女同等的权利，任何组织或者个人不得加以危害和歧视。这说明，

未婚生育也是受法律保护的。

不过，未婚生育虽然没有违反法律的禁止性规定，但法律并不鼓励。未婚生育要按照《中华人民共和国人口与计划生育法》（以下简称《人口与计划生育法》）第41条的规定缴纳社会抚养费。

说到这里，可能有朋友要说了："不对，我翻了《人口与计划生育法》，没有写未婚生育要缴纳社会抚养费啊！"是的，法条确实没有"未婚生育"的字样，但是国务院《社会抚养费征收管理办法》规定，社会抚养费的具体征收标准由省、自治区、直辖市规定，在各省的细化规定里，是列出了未婚生育需要缴纳社会抚养费的。以北京市为例，《北京市社会抚养费征收管理办法》第5条明确，对非婚生育子女的公民，根据不同情节征收社会抚养费。

我们再来说第二个问题，单身女性孩子的户口问题。

需要明确的是，《民法典》确立了非婚生子女与婚生子女同等的权利。根据《户口登记条例》规定，中华人民共和国公民都应当履行户口登记。2016年1月14日，国务院办公厅发布《关于解决无户口人员登记户口问题的意见》，要求依法为非婚生育的无户口人员登记常住户口。因此，在法律层面，未婚生育的孩子上户口是没有障碍的。

那怎么上户口呢？根据国务院办公厅的规定，非婚生育的孩子本人或者其监护人可以凭出生医学证明和父母一方的居民户口簿、结婚证或者非婚生育说明申请上户口。户口既可以落在母亲一方，也可以落在父亲一方，遵循自愿的原则。不过，如果要申请随父落户，还需要做亲子鉴定。办理户口登记在当地派出所就可以。

除了上户口，单身女性怀孕后在医院建档、非婚生育子女上学，与正常结婚怀孕、婚生子女上学的权利是一样的。那么单身生育女性自身的合法权益，比如生育保险待遇、产假等，也能得到保障吗？

2017 年冬天，上海的一位未婚妈妈开始打一场被称为"国内未婚生育申领生育保险金第一案"的官司，在近两年的时间里，屡屡败诉。

根据《上海市申请享受生育保险待遇计划生育情况审核办法》，生育保险申请人须提供计划生育情况证明。然而要办理计划生育情况证明，申请人需提交夫妻双方的婚姻状况证明。《劳动部工资局复女职工非婚生育时是否享受劳保待遇问题》的复函中明确表示：女职工非婚生育时，不能按照劳动保险条例的规定享受生育待遇。这个复函虽然是 1965 年 9 月 10 日做出的，但是由于目前并没有明确废止，所以仍然是一个合法依据。

在现有规定下，相关部门拒绝为这位未婚妈妈办理生育保险，其实并不算违规。

理由很简单：在《民法典》颁布以前，生育应符合计划生育的要求。未婚女性怀孕不属于计划内生育，不符合享受生育保险待遇的条件，其因怀孕生育支出的医疗费用和生育津贴亦不属于生育保险基金的支付范畴，她们不能享受产假期间的相关待遇。

这里的相关待遇包括：生育检查费、接生费、手术费、住院费、医药费以及产假期间的生育津贴（产假工资）。她们需要休养的时间也可以不给发工资，对于生活有困难的，可以由企业行政方面酌情给予补助。

不过，我认为，《民法典》删除了实行计划生育的条款，那非婚生育的职工未婚生育，就不存在违反了计划生育政策的情形。所以，哪怕职工未婚生育，只要缴纳了生育险，除了正常的产假休息之外，其他的待遇以及产假工资也应该得到保障。也就是说，单身女性一样有权享受生育保险待遇。

如果说，单身女性生育能否享受生育保险待遇还存在争议，那么，未婚妈妈拥有休产假的权利应该是没有障碍的。

《妇女权益保障法》规定，妇女在经期、孕期、产期、哺乳期受特殊保护。任何单位不得因结婚、怀孕、产假、哺乳等情形，降低女职工的工资，辞退女职工，单方解除劳动（聘用）合同或者服务协议。《劳动法》也明确规定，女职工生育享受不少于 90 天的产假。根据《女职工劳动保护特别规定》第 7 条规定，女职工生育享受 98 天产假，其中产前可以休假 15 天；难产的，增加产假 15 天；生育多胞胎的，每多生育 1 个婴儿，增加产假 15 天。这些规定并没有区分已婚还是未婚，所以，单身女性生育是有产假的。

最后还有一个问题。有朋友问，如果单身未婚女性怀孕后瞒着男方偷偷生下孩子，或者不顾男方的反对坚持把孩子生下来，是否侵犯了男方的生育权？男方是否需要对这个孩子承担抚养责任呢？

在法律上，男女双方都享有生育权，不同的是，女性的生育权是生命健康权，女性可以自主决定是否生育、何时生育以及生育几个孩子；男性的生育权是一种配偶权。当男女双方对是否生育有分歧的时候，法律对女性生育权的保护是大于男性的。女方生下孩子后，双方均必须承担抚养义务，这是法律的强制性规定。

如果在结婚后，男方以女方侵害自己的生育权为由，起诉要求赔偿，法院是不会支持的。如果双方因为生育的问题发生纠纷起诉离婚，法院可以作为夫妻感情破裂的证明，在调解不成的情况下，判决离婚。

也许，生育权作为人的基本权利，可以不以结婚为前提，但不论是道德还是法律层面，孩子一旦生下来，双方都有义务给孩子应有的爱和最安稳的成长保障，这是生而为人最起码的担当。

# 12　同居 10 年生二子分手，还能不能要求退还彩礼

---

　　男女双方于 2009 年举行婚礼仪式，男方向女方支付彩礼 56000 元，双方未办理结婚登记手续而开始共同居住生活，后育有二子。2019 年双方因感情不和分手。男方起诉要求返还彩礼，法院结合多种因素综合考量，作出不予支持的判决。

---

　　分手后要求是彩礼的事情，大家应该都听说过，但是同居 10 年生了两个孩子还要求退彩礼，实属少见。

　　如果单说分手后该不该退彩礼，这个问题并不新鲜。最高人民法院在之前对《婚姻法》作出的司法解释，和现今对《民法典·婚姻家庭编》作出的司法解释中，都规定了 3 种退还彩礼的情况。江苏这起同居 10 年生二子分手后男方要求退彩礼的案件中，法院不予支持的判决还是有典型性的。

　　这起案件的双方当事人，并没有领结婚证，只是办了婚礼。现在男方要求退彩礼，那么根据《民法典》司法解释的规定，在这 3 种情况下可以退：一是双方未办理结婚登记手续；二是双方办理结婚登记手续但未共同生活，现在要求离婚；三是婚前给付并导致给付人生活困难，现

在要求离婚。看似是符合第一种情况，但法院经审理认为，是否返还彩礼，返还多少彩礼，应结合男女双方共同生活的时间、子女生育情况、给付彩礼的数额、财产的使用情况并结合当地风俗习惯、经济条件等因素综合认定。最高人民法院对此的司法解释为原则性规定。

彩礼是民间习俗，虽然现在都提倡拒绝天价彩礼，但法律层面没有也无法禁止彩礼。通过司法解释明确可以退还彩礼，本意是针对一些打着结婚的幌子来骗取彩礼的行为，或者婚姻持续时间短，没有形成稳固家庭关系，彩礼金额一般又比较大的情况，如果不退还，彩礼就失去了本身的意义，当事人也可能面临财产损失无法救济的尴尬境地。

本案中，虽然双方同居了 10 年还生了两个孩子，但是由于我们国家现行法律中，没有"事实婚姻"一说，所以二人在法律上并没有婚姻关系。这个时候分手，男方要求退彩礼，如果只是机械适用《民法典》司法解释的规定，以未办理结婚登记手续为由要求退还彩礼，很明显是违背了立法本意的。法院判决不退，虽然在道理上大家都能够理解，但是通过判决的方式来明确这一规则，也是对现行司法解释的有益补充，并对社会产生积极的影响和引导。

未成年人保护与
学校教育

# 01　如何看待吴某以猥亵罪判处有期徒刑2年

---

　　高三女生因遭到教师吴某猥亵后患上抑郁症，曾3次自杀未遂。吴某一开始只被行政拘留了10天。女孩第三次自杀被解救后，吴某被公安机关以涉嫌猥亵罪立案侦查，但检察机关却作出了不起诉决定。2018年6月，女孩跳楼身亡。2018年8月，甘肃省人民检察院作出刑事申诉复查决定，撤销此前的不起诉决定，吴某被依法提起公诉。2020年4月，吴某被以猥亵罪判处有期徒刑2年，以及3年内禁止从事教育培训等与未成年人有密切接触的职业后二审维持原判。2021年1月，"跳楼女孩"民事案件一审宣判，吴某被判赔偿67556.67元、学校赔偿16889.17元。

---

　　《刑法》规定，强制猥亵罪起点是5年以下有期徒刑或者拘役，情节恶劣最高可判15年有期徒刑。但是本案法院最终只判了2年，而且法律上的禁业期限是3—5年，法院支持的是最低的3年。为什么会是这样的判决结果呢？是情节没那么严重？还是因为女孩是自杀而不是直接被杀？又或者，还有其他隐情？

　　法院的一纸判决，不只是对个案的处理，更要体现法律的公平正义,对社会产生警示和指引作用。这起案件引起的一系列负面连锁反应,才是最可怕的。

我们并不了解案件整体情况,只有司法机关才是最了解案情的。法院二审没有改判,其实从侧面反映了一个问题:本案证据缺失。

不能被严厉制裁的性侵案件,原因大都是证据缺失。被侵害者没有证据意识,或者在当时的情况下,由于身心的重大创伤,不愿甚至不敢报警、告诉家人朋友,不知道及时采取措施,错过了对犯罪分子追责的最佳时机。

我们的立法技术和法律规定无法在关键证据缺失的情况下,去准确还原犯罪事实,而要想给犯罪分子定罪,证据又必不可少。

我认为,女孩被猥亵后自杀这个后果,不应当在案件的审判中被忽略。判断一个犯罪行为的严重程度,不仅仅是实施犯罪当时的情况,还应考虑犯罪行为带来的后果和负面影响。而对于猥亵罪情节恶劣的认定,也需要进一步的立法或司法解释明确。

性侵犯罪,错并不在被侵害的女性,罪该万死的是性侵者。媒体在报道中提到,即便二审已经判决维持,在民事诉讼中,吴某仍然在说对刑事判决不服,还说不愿意承担赔偿责任。这在令人愤怒的同时,又让我们感受到法律的无奈。因为法律判决有时候并不能真实、准确地反映事实。或许本案判决已是在法律范围内最实际的处理结果了,但受害者年轻生命的逝去,太令人痛心。

我常说,法律的终极价值,不是惩罚而是警示、指引和规范人们的行为。类似性侵案件的发生并不少见,与其都去教女孩怎么保护自己,不如去教育和警示性侵者。与事后的补救相比,事前的防范明显更实际。

# 02　女生跳河自杀，网友质疑警察救援不当，此事该如何处置

2020年12月4日，安徽省望江县一名17岁的高二女生跳河自杀。网传视频显示，在女孩跳水之前，现场已经有几名民警在场处置，在女孩突然跃入水中后，这几名警务人员曾相互搀扶尝试下水救人，但其后折返，因此被质疑没有第一时间下水救援，最终导致悲剧发生。事后，当地警方通报称，涉事民警、辅警已被停职调查。

这一事件令人痛心，部分媒体关于女孩在警察目视下溺水身亡的报道迅速引爆全网舆论，警察在现场的处置是否妥当争议很大，一些网友认为，民警在女孩跳入深水后反应慢，没有积极救人，涉嫌失职渎职，应当追责；也有网友认为，民警不是超人，不能过度苛责，水上救援专业性很强，民警只是救援失败，没有责任。

对于这个问题，我们只要经过具体分析就能得出结论。不管是法律上对警察职责的规定，还是人们对这个职业的认知，作为警察，在当时的情况下肯定有义务去救助，这个没有疑问。关键是怎么救助的问题。

《中华人民共和国人民警察法》（以下简称《人民警察法》）第

二十一条规定："人民警察遇到公民人身、财产安全受到侵犯或者处于其他危难情形，应当立即救助。"这是警察的救助义务。这里的立即救助，显然不是说在遇到有人跳河时，要不分情况第一时间就奋不顾身跳下水去救人。公安部《110接处警工作规则》（以下简称《规则》）中有明确规定："处警民警到达现场后，应当根据有关规定对警情妥善处置。"这是警察的合理处置权。《规则》同时规定，对正在发生的案件，最先到达现场的处警民警不足以制止或者控制局面的，应当立即将案件情况报告110报警服务台，再由110报警服务台按照工作预案来调集、指挥增援力量。

至于网友吵翻了天的"警察是不是必须会游泳"的问题，公安部的《规则》早有回答：处警民警应当携带必要的警械、通信工具等处警装备，专职处警民警应当掌握基本的救人、救灾及医疗救护技能。110处警单位应当按规定配备警用装备和救援器材。

不过，警察未下水救援的案例，不止发生过一次。2012年5月，南充4名未成年学生在江边游泳时，有两人不幸溺水。110报警服务台接到求助报警后，向当地派出所下达出警指令，并通知消防、海事部门参与救援。5分钟之内，民警抵达现场，因为无法目测溺水者情况，便没有下水，而是在现场了解情况、控制秩序。后来消防、海事部门到现场搜救，但两个孩子仍然不幸溺亡。

家属认为警察没有履行法定职责，将公安局告上法庭。本案一审、二审家属都败诉，法院认为，溺水救助的专业性较强，处警民警根据现场情况，未贸然下水实施救助并无不当，已经依法履行了救助危难的法定职责。所以，总的原则是，依法处置，科学救援。

既然规定都有，那么处警民警当时的处置是否妥当，待公安局全面调查后就清楚了。网上流传的视频并不能反映岸上的情况、携带的装备、河流状态、人员习水状况等。只是，不管后续是否处分涉事警察，这个 17 岁的花季女孩都回不来了。

　　这种悲剧给社会的教训，以及我们应该关注的重点，不应只放在警察救援是否尽责，甚至在是否该追究警察责任上，更应该放在它的根源问题上——女孩为何要自杀？生命应该被珍视，不应该被放弃。

　　我们更该关注的，是如何加强未成年孩子的心理健康教育，在精神上给予他们关爱和呵护，在他们心理防线崩溃之前，伸出温暖而有力的双手，从源头上预防和杜绝这种悲剧。这远比在出事后指责警察没及时救助有价值和意义。

# 03　《未成年人保护法》修订背后的价值和意义

2020 年 10 月 17 日，《中华人民共和国未成年人保护法》由第十三届全国人大常委会第二十二次会议修订通过，于 2021 年 6 月 1 日起施行。

这次《未成年人保护法》可谓大修。从 2007 年的 72 条修改订现在的 132 条，法条增加了将近一倍，此次修订的价值远不止篇幅的扩容这么简单。

大连 13 岁男孩杀害女孩，湖南沅江六年级男孩弒母……每当看到未成年人犯罪而不被追究刑事责任的新闻，总有人会把《未成年人保护法》拿出来骂一通，认为这是在纵容犯罪。

着急骂的，先等一等。《未成年人保护法》保护的是所有不满 18 周岁的未成年人的合法权益，它针对的是这个群体最基本的权利，规定的是行为前端的预防和指引。

我们从内容架构上就能看出，新的《未成年人保护法》涵盖了对未成年人的家庭保护、学校保护、社会保护、网络保护、政府保护、司法保护等方面。而关于未成年人犯罪如何处罚或者是否处罚，是《刑法》的规定，主要是解决犯罪行为发生后如何治理的问题。所以，未成年人犯罪负不负刑事责任，跟《未成年人保护法》没有任何关系。

我在这里告诉大家一个法律常识。在法律中，所有规定犯罪如何处罚的条文，都写在《刑法》里，其他任何法律都不能规定犯罪的实体问题。《未成年人保护法》保护18岁以下未成年人的合法权益，跟《刑法》对未成年人犯罪作区别对待是不矛盾的。而且《刑法修正案（十一）》将刑事责任年龄降至最低12周岁，也是《刑法》不断完善和适应社会发展的体现。所以，《未成年人保护法》并不是纵容未成年人犯罪，保护和惩戒并不冲突。

我们再来看看另外一则新闻。2020年9月17日，武汉初三男生被家长扇耳光跳楼身亡一事引发广泛关注。现在大家生活条件优越，不愁吃穿，家长倾其所有也要给创造最好的物质条件，但有的家长忽略了孩子在心理和情感方面的需求，忽略了孩子的不良习惯、性格问题、心理健康，甚至眼看着他们走上违法犯罪之路。这些反映出家庭教育和父母监护职责的缺失。

所以，新的《未成年人保护法》来了。明确给家长列出监护教育的清单，包括10项"应当"和11项"不得"，要求家长必须全方位地对未成年孩子尽到监护职责，并且特别强调了对安全问题的应对。

新《未成年人保护法》还规定了要关注孩子的情感需求，教育引导他们遵纪守法、勤俭节约，提高自我保护意识和能力，明确家长要妥善管理和保护未成年人的财产，预防和制止未成年人的不良行为和违法犯罪行为，并进行合理管教。新法还规定了对于留守儿童，家长要委托符合条件的人代为照护，尽最大可能给予他们亲情关爱……

总的来说，这次修订把以前很多笼统的说法都明确了，而且对很多新情况都做了对应的规定，这对保护未成年人的心理健康、预防未成年人犯罪有着积极的意义。

所以，看到一些对未成年子女不关心的父母，你可以底气十足地告诉他们："你们这是违法行为！"

关于未成年孩子的抚养权问题，法律的规定是很明确的：父母双方都有抚养的权利和义务，不会因为离婚而消除。然而在现实中，离婚后一方"抢孩子""藏孩子"的现象越来越多，一方面，父母双方都具有法定的抚养权，任何一方把孩子抱走都不违法；另一方面，即便法院判决抚养权归一方所有，但是另一方不履行，把孩子抢走、藏起来，仅靠罚款是解决不了问题的。而拒不执行判决、裁定罪在适用上又存在困难。在争抢、博弈的背后，受到伤害最大的还是孩子。所以，出现了这样一个群体——"紫丝带妈妈"。她们是一群为了争取抚养权，为了寻找被抢走、被藏匿孩子的离婚母亲，她们从未放弃努力。可以说，也在一定程度上影响了这次立法。

新《未成年人保护法》明确规定，未成年人父母离婚后，要妥善处理抚养事宜，不得以抢夺、藏匿未成年子女等方式争夺抚养权。对于紫丝带妈妈们来说，新法虽然不能立竿见影解决问题，却带来了希望。法律的滞后和不完善是它天然的劣势，无数人努力推动立法，恰恰也是法律的温度和力量所在。

未成年人的成长与我们每个人息息相关，未成年人的今天就是我们的明天。所以，对孩子们的保护，除了法律的完善，更需要全社会的共同努力。

# 04 男教师猥亵男学生，法律上该如何处理

2016—2018 年，男性教师梁某在成都某知名中学工作期间，对在校高中生以及毕业后就读大学的学生等 7 人实施了强制猥亵，而这些学生全都是男生。2020 年 4 月，多名曾被猥亵过的男生在网上公开举报梁某。其中一名学生提到，梁某出差时邀请他到所住的酒店过夜。当晚，梁某对这名学生实施了包括抚摸敏感部位在内的猥亵行为。此事一经曝光，就引发了舆论广泛关注。2020 年 9 月 4 日，检察机关以梁某涉嫌强制猥亵罪向法院提起公诉。2022 年 1 月 7 日，法院一审以强制猥亵罪判处梁某有期徒刑 8 年，并禁止其在刑罚执行完毕或者假释后 5 年内从事教育培训相关工作。

一般而言，男性遭遇同性性侵害的情况较少见，但这类问题必须引起重视。

从法律上讲，由于男性不能成为强奸罪的受害方，假如男性遭遇性侵害，可能涉嫌的是强制猥亵罪。猥亵行为对应的法律责任，情节轻的是治安违法，可处罚款或治安拘留，重则构成犯罪，可判处 5 年以下有期徒刑或者拘役。如果猥亵他人情节恶劣、聚众或者在公众场

合猥亵他人，最高可判处 15 年有期徒刑；猥亵儿童的还要从重处罚。

如果猥亵罪被查实，那么该老师除了要被判刑，在他刑罚执行完毕之日起 3—5 年内将禁止从事教师工作，学校会开除他，教育主管部门也会吊销他的教师资格证。受害男生可以向他要求民事赔偿。

法院一审以强制猥亵罪判处梁某 8 年有期徒刑，并禁止从业 5 年，罚当其罪。

下面，让我们来聊一聊男生的性教育和性保护问题。从网络曝光的情况来看，这些受害者普遍都是一二十岁的男孩子。从他们的描述来看，他们的性教育和性常识非常缺乏，同时对老师的权威怀有盲目的信任和畏惧，导致他们在面对侵害时手足无措。

我们一直教育孩子要听老师的话，却没说明白哪些话该听，哪些话不能听。与女性相比，整个社会对男性遭受性侵害的忽视，助长了犯罪分子的侥幸心理。

网上有爆料，曾有人向学校举报过该老师，甚至报过警，但是他之前一直没有被追究刑事责任。我认为，这一方面可能由于受害男生缺乏风险意识和证据意识，导致证据不足，司法机关无法有效追责；另一方面，也跟司法机关的办案理念、学校及相关部门的认知和处罚力度有关。

好在，司法机关最终成功追究了梁某的刑事责任，守住了社会公平正义的底线，也给了这些受害的男孩子及社会一个交代。

我要呼吁，全社会要高度重视性侵害这一犯罪现象，受害者不只是女孩子，还有男孩子，甚至不分年龄段段，对于性侵害犯罪的惩处，需要引起我们进一步的思考。

# 05 为什么要禁止师生恋

2021 年 1 月 20 号，宁波华茂外国语学校通报，在去年疫情隔离期间，教师李某与初中女生校外约会，并且发生了性关系。警方于 2020 年 9 月逮捕了李某。目前，案件已在法院审理的阶段。而据网友爆料，这名初中女生只有 13 岁。

此事一经媒体报道便引发群情激愤，因为这不仅仅是师德师风问题，更是犯罪！

我国《刑法》明确规定，与不满 14 周岁幼女发生性关系，不论对方是否自愿，都要按照强奸罪论处，并且还要从重处罚，一般不适用缓刑。

《刑法》对强奸罪的处罚是很重的，一般情况下可以处 3—10 年有期徒刑；情节严重的，比如奸淫幼女情节恶劣，奸淫幼女多人，在公众场合当众奸淫幼女，奸淫不满 10 周岁的幼女或者造成幼女伤害的，要处 10 年以上有期徒刑、无期徒刑甚至死刑。《刑法修正案（十一）》增加了这样的条款：对已满 14 周岁不满 16 周岁的未成年女性负有监护、收养、看护、教育、医疗等特殊职责的人员，与该未成年女性发生性关系的，处 3 年以下有期徒刑；情节恶劣的，处 3—10 年有期徒刑。

老师对学生是有教育的特殊职责的，即便学生满 14 周岁，即便学生是自愿发生性关系，也是犯罪。

师生恋中的"恋"字是否准确，还要打上一个重重的问号。

13 岁的年纪，正值豆蔻年华，社会阅历尚浅，对世界的认知也是有限的。在学校学习的过程中，这个年纪的孩子可能会把对老师的敬佩、尊敬，对某个学科的喜爱当作恋爱的感情。但是这种感情是错位的，是畸形的，和正常男女之间的互相爱慕、相互平等的恋爱内核是不一样的。

该事件中的老师，为人师表，作为师生关系的主动方，非但没有意识到关系的错位，正确引导学生的价值观，反而还打着感情的幌子一错再错，实在令人发指。

教育部印发的《新时代中小学教师职业行为十项准则》明确规定，要规范职业行为，明确师德底线。教师是人类灵魂的工程师，本案中的这个老师，不能因为一句师生恋，就免责或者减轻责任。他接下来会受到《刑法》的制裁，女生也可以提起附带民事诉讼，要求赔偿。另外，李某一旦因强奸罪被刑事处罚，肯定会被吊销教师资格。李某这种人，是坚决不能再让他进入教师队伍的，法院在判决强奸罪的同时，可以一并宣告禁止令，禁止他从事与未成年人有关的工作，禁止他进入中小学、幼儿园或者其他未成年人聚集的场所。

目前，我们国家已建立了性侵违法犯罪信息库，多部门联合下发意见，要求中小学校、幼儿园新招录教职工前，教师资格认定机构在授予教师资格前，都要查询性侵违法犯罪信息，对有性侵违法犯罪记录的人员，不予录用或者不予认定教师资格。

我们还要看到，虽然校方通报中说李某和女生是在校外约会并发生关系的，但是学校作为未成年人教育保护主体，是难辞其咎的。《教育法》《义务教育法》等法律都明确规定，学校要保护在校未成年人的合法权益；《未成年人保护法》也规定，学校应当加强对未成年人的性教育，建立预防性侵害、性骚扰未成年人工作制度。对性侵害、性骚扰未成年人等违法犯罪行为，不得隐瞒，应当及时向公安机关、教育行政部门报告，并配合相关部门依法处理。

当然，我们更不能忽略家庭在未成年人成长和保护中的作用。发生这样的事情，家长也是有很大的责任的。如果家长对孩子的关心、关爱到位，一定会发现孩子情绪、感情、身体上的变化。如果发现得及时，悲剧或许就可以避免。

我真心希望每一起与未成年人相关的案件，都能对老百姓起到警示作用。希望这个世界上伤害未成年人的案件、未成年人犯罪的案件少一点，再少一点。

# 06　该不该把戒尺还给老师

2021 年 1 月 13 日，武汉市江汉区教育局发布通报称：1 月 12 日下午，北湖小学六年级一名班主任，因为学生不遵守课堂纪律，用尺子击打了 10 名学生的手心，以示惩戒。教育局责成学校对涉事老师进行停课反省处理，并向学生和家长致歉，同时委派富有教学经验的教师接管该班，对相关学生进行心理疏导，妥善安排期末的教育教学工作。

老师用戒尺打孩子手心，这种在以前司空见惯、习以为常的事，现在为什么会引起这么大的舆论？老师还被停课反省。是现在的孩子太娇贵了，还是老师的体罚太过了？

2021 年 3 月 1 日施行的《中小学教育惩戒规则（试行）》明确规定：教师在教育教学管理、实施教育惩戒过程中，不得有以击打、刺扎等方式直接造成身体痛苦的体罚等行为。对于学生扰乱课堂纪律的行为，学校及其教师应当予以制止并进行批评教育，确有必要的，可以实施教育惩戒。而教育惩戒措施中，并不包含用戒尺击打手心。

当然，在实际情况中，体罚、伤害学生的事情时有发生，我们要从根本上杜绝以惩戒之名行体罚之实的行为。但是，对于未成年孩子的教育管理，还需要关注到一些细节问题。

首先，我们要旗帜鲜明地反对老师体罚孩子。河南栾川"20 年后打老师案"就是一个典型的教训。因为 20 年前上学的时候被老师体罚过，33 岁的常某竟然拦下当年的班主任，当街辱骂、掌掴、殴打对方，并录下视频，引来了多名群众围观。后常某被法院以寻衅滋事罪判处有期徒刑 1 年 6 个月。

常某当街殴打老师，和他本人的认知、心理、性格有关系，他也为自己的冲动和错误付出了代价。无论在法律上还是道德上，常某的行为都是令人不齿的。

这起案件中，我们该反思的，除了不法的伤害行为对尊师重教传统的践踏，还有体罚对孩子身心的伤害。

我是不提倡棍棒教育的，教育惩戒应当依法依规，应当从尊重和保护孩子最基本的人身权利出发。教育是一项长期性、系统性的工程，关注的不只是孩子的学习，更重要的是他们的品德、心理健康，以及全面、综合发展。

# 07 如何看待"百香果女孩"案再审改判死刑

2018年10月，广西钦州，一名10岁女孩卖百香果回家途中，被同村29岁的男子杨光毅拦截。杨光毅强奸并杀害了她，抢走她身上的32元钱，再抛尸山坡。法院一审判处杨光毅死刑，二审法院改判为死缓，此事迅速掀起舆论风暴。2020年5月10日，最高人民法院决定对"百香果女孩"案调卷审查。审查期间，被害人的母亲向最高人民法院提出申诉。2020年11月11日，最高人民法院作出再审决定，指令广西高院再审。广西高院2020年12月28日改判杨光毅死刑。2021年2月2日，杨光毅被执行死刑。

这起案件的争议很大。有人说，舆论这一次终于"绑架"了法律，用舆论去推动法律还是有用。我想不是的，此事反倒说明，舆论没有影响司法，司法一直保持着应有的原则。

此前有人表示，本案二审改判死缓没有问题，因为杨光毅有自首情节。要鼓励自首，不然刑罚太严厉，犯罪者可能想着反正杀一个是死，杀两个也是死，那还不如疯狂一把，继而实施更为恶性的犯罪。

我不认同这种观点，这样说实际上是在偷换概念。因为自首不等于免死，自首也不是犯罪者讨价还价的筹码。

不知道大家还记不记得震惊全国的上海杀妻藏尸案。凶手朱晓东在案发 106 天后，在家人的劝告下，选择了投案自首，对犯罪事实供认不讳。判决书显示：朱晓东与妻子产生矛盾后，经预谋杀害妻子，并藏尸冰柜三个多月，作案后大肆挥霍其与妻子的钱财，犯罪情节恶劣，罪行极其严重，应依法惩处。朱晓东虽有自首情节，但综合其犯罪的事实、性质、具体情节和社会危害程度，不足以从轻处罚，一审判决、二审裁定认定朱晓东故意杀人的事实清楚，证据确实、充分，定罪准确，量刑适当。最终，朱晓东被最高人民法院核准死刑。2020 年 6 月 4 日，朱晓东被执行死刑，结束了他罪恶的生命。

这个案件就是凶手虽然有自首情节，但是仍然被判死刑的案例。当然，每个案件的情况都不一样，杨光毅案和朱晓东案中的自首，对法院量刑的影响不同，或许不具有可比性。关于自首，我们还是要有客观、理性的认知。

第一，自首是《刑法》规定的可以从轻或者减轻处罚的量刑情节。既然规定的是"可以"，那么就"可以不"。自首只是法官根据案件实际情况作出自由裁量的依据。

第二，坦白从宽，抗拒从严。自首制度设计的初衷，确实是鼓励犯罪者积极投案，获得宽大处理。但是，可以减轻多少，并没有明确的法律规定，能不能从死刑到死缓，从无期到有期，从 1 年到 11 个月，都要结合具体案情而定。

第三，回到本案，杨光毅强奸并以极其残忍的手段杀害 10 岁女童，还拿走了她身上的钱。如此恶劣的情节，判处死刑时，自首的"功"到底能抵多大的"过"，确实非常考验法官的裁判水平。所以，在这个个案中，自首起到的作用有多大是具有特殊性的。

再次强调，用从轻、减轻处罚鼓励自首，并不等同于告诉犯罪者，自首可以不判死刑，而是要结合全案情况确定减轻幅度。对极其严重和恶劣的犯罪，即便因为自首减轻处罚，也不至于从死刑变死缓。《刑法》的原则是罪责刑相适应，自首是犯罪者用自己的实际行为请求从轻，但不应没有原则和底线地应用。否则，法律的尊严和权威何在？

　　本案由最高人民法院调卷审查得以启动再审，最终也向受害者家属、向社会交出了一份正义的答卷。总有人调侃："网友判案，死刑起步。"这或许稍显偏激，但如果连对罪恶和犯罪的起码态度都没有，我们就该反思价值观层面的问题了。

　　只是，舆论有舆论的态度；法律，也有法律的规则。

# 08　如何看待大学生因厌世刺死网约车司机

---

　　2019 年 3 月 23 日深夜，常德滴滴司机陈某送杨某某去汽车站。怎料杨某某趁他不注意，用匕首连刺 20 余刀致其死亡。案发时，杨某某才 19 岁，是一名大一学生。警方出具的精神鉴定意见书显示，杨某有抑郁症，属限定（部分）刑事责任能力。2020 年 9 月 24 日，法院以故意杀人罪判处杨某某死刑缓期两年执行，限制减刑。

---

　　这起案件犯罪手段残忍、恶劣，滴滴司机被匕首连刺 20 多刀致死。在庭审后，因被告人家属不同意赔偿等原因，被害人家属撤销民事诉讼，希望重判。在法庭上，面对被害人家属的质问，杨某某甚至面无表情，最后陈述时只说了一句"请法庭依法判决"。

　　很多人不解，对于这样一个残忍地剥夺他人生命的人，为何不能判他死刑？法院判决死缓限制减刑，那他能不能减刑？抑郁症患者无故杀害无辜的滴滴司机，其家属有没有责任？

　　杨某某被判死缓限制减刑，从法律角度来说并不算轻判。本案中，杨某某经精神鉴定被认定为限定（部分）刑事责任能力，根据《刑法》规定可以从轻或者减轻处罚；同时，本案还存在自首、近亲属代为赔偿丧葬费等情节。

　　单从法律规定来看，上述这些情节下，法院可以选择以下两种判决方式：一种是判处死刑立即执行，另一种是判处死刑缓期两年执行。直接判处死刑立即执行，这对于一个因抑郁症精神崩溃杀人的大一学生来说，显得冷漠严厉；但如果判死缓，又与如此恶劣的犯罪情节、对受害者家属造成的伤害不相符。在权衡之下，法院选择了死缓限制减刑的方式作为折中，客观上贯彻了宽严相济的刑事政策，也不失为一种有威严有温度的判决。

　　也许有人要问，既然他都厌世了，为何法律还要"一厢情愿"地留他一命？刑事审判不会服从当事人意志，而是将法律的专业判断与民众的朴素认知融合起来，以严谨的法理彰显司法的理性，以公认的情理展示司法的良知，兼顾天理、国法与人情。这个判决结果，也是考虑了法律效果和社会效果。

　　那么，法院判决死刑缓期两年执行，限制减刑，是什么意思？

　　《刑法》规定，对因故意杀人被判死缓的犯罪分子，法院根据犯罪情节等情况，可以同时决定对其限制减刑。那被判死缓限制减刑的杨某某能不能减刑？如果减刑，他至少要服刑多少年呢？

　　这个判决如果生效，后续可能会出现三种结果：一种是在 2 年缓期执行期间，杨某某又故意犯罪，那就要报请最高人民法院核准后执行死刑；一种是 2 年缓期执行期满，被减为无期徒刑，后续执行不能少于 25 年，加上 2 年缓期，最终至少服刑 27 年；还有一种是 2 年期满后减为 25 年有期徒刑，后续执行不能少于 20 年，加上 2 年缓期，最终至少服刑 22 年。也就是说，杨某某被判死缓限制减刑，最少要坐22 年牢。

最后一个问题，杨某某患有抑郁症，被认定为限定刑事责任能力人，这一案件中，家属是否应该承担责任呢？

在我国法律中，限制刑事责任能力人犯罪，监护人是不用承担刑事责任的，但是需要承担相应的民事赔偿责任。

在这样一场悲剧中，我们除了要考虑抑郁症患者杀人要承担多少刑事责任，还要反思怎么去关爱、治疗抑郁症患者，从根源上减少、杜绝因抑郁症而导致的刑事犯罪。愿悲剧不再发生。

# 09　如何看待刑事责任年龄下调

2020 年 12 月 26 日，十三届全国人大常委会第二十四次会议表决通过《刑法修正案（十一）》，明确已满十二周岁不满十四周岁的人，犯故意杀人、故意伤害罪，致人死亡或者以特别残忍手段致人重伤造成严重残疾，情节恶劣，经最高人民检察院核准追诉的，应当负刑事责任。《刑法修正案（十一）》于 2021 年 3 月 1 日起施行。

刑事责任年龄下调了。其中值得注意的是，并不是满 12 周岁的未成年人犯罪后一律要承担刑事责任。这次修改只是针对特别恶劣的情况，而且有着严格的程序规定：必须是犯故意杀人罪、故意伤害罪；必须致人死亡或者以特别残忍手段致人重伤造成严重残疾；必须情节恶劣；必须经最高检核准。四个条件同时满足才可以。虽然有条件限定，但这已经是一个很大的进步了。

有人问，为什么不能调到更低年龄？未成年人犯罪是一个非常复杂的问题，重在教育预防，而非惩罚。另一方面，刑事责任年龄的调整，还有法律层面的限制。

我国在 1990 年签署了《儿童权利公约》，于 1992 年 4 月 2 日生效。公约要求，对未满 18 岁的人所犯罪行，缔约国不得判以死刑或无释放可能的无期徒刑，并规定了最低刑事责任年龄。

只是公约没有明确具体的年龄下限，世界各国对刑事责任年龄的认定也各不相同——主要在 7 岁至 18 岁不等，也有不设限的，还有的实行"恶意补足年龄原则"，即不以年龄为绝对界限，同时参考未成年人犯罪时的心智是否成熟、是否能够对主观恶意有认知。但是，在公约的一般性意见中，是鼓励和倡议将 12 岁作为绝对最低刑事责任年龄的。所以，这次调整应该是遵循了这样的意见。

除此之外，2017 年施行的《民法总则》将限制民事行为能力的年龄由 10 岁降至 8 岁。此前有媒体曾报道，《治安管理处罚法》修订草案拟将行政拘留年龄从 16 周岁降到 14 周岁，印证了未成年人心智更加成熟的客观现实。而在刑法学理论上，确定是否追究刑事责任，依据的也是行为人的主观认知和辨识能力。所以，民事责任年龄和行政拘留年龄的调整，也为刑事责任年龄下调提供了参考。

刑事责任年龄的调整是一项非常复杂的系统工程，在整个法律体系中牵一发而动全身，不只是改个数字那么简单。因此，必须慎之又慎。我们必须看到，这次的调整方向，是我国法治切切实实的进步。12 岁的最低刑事责任年龄，是合理的。

法律不是万能的，刑罚是手段而非目的，也不是解决犯罪问题的万全之策。法律的终极价值，在于引导人们的言行，规范社会秩序。未成年人犯罪不只是法律问题，更是社会问题。对犯罪的未成年人，不能一关了之，更不能一放了之。除了降低刑事责任年龄，更要正视根源问题，注重教育和预防。

引发未成年人犯罪的原因可能来自家庭、学校乃至社会的方方面面，未成年人的教育需要全社会的共同努力。所以这次《刑法修正案（十一）》统筹考虑了《中华人民共和国预防未成年人犯罪法》（以下简称《预防未成年人犯罪法》）的修改，从预防犯罪、矫治教育方面进行衔接，这是非常重要和必要的。

任何人犯罪都要受到相应的处罚，如果能把教育、引导、预防做在前面，让每个人都能保持对规则、对生命的敬畏，如果能在罪恶的萌芽阶段就及时遏止，世间的悲剧将会少很多。与对罪恶者施以极刑相比，我们更希望伤害从未发生过。

# 10　刑事责任年龄下调，13 岁杀人男孩能被判刑吗

2019 年 10 月 20 日，大连 10 岁女童被邻居 13 岁男孩蔡某某杀害，并抛尸灌木丛。蔡某某因未达到刑事责任年龄，被收容教养 3 年。被害女童母亲称："我会跟律师沟通，把这个法案作为新的材料递交。"

　　大连 13 岁杀人男孩能被判刑吗？这是《刑法修正案（十一）》审议通过后，我被问得最多的问题。因为刑事责任年龄有条件地降到 12 周岁了。

　　这个问题涉及的是《刑法》溯及力的问题，也就是新的《刑法》规定生效后，能不能对此前的犯罪行为追责。在《刑法》溯及力上，我们国家和世界上绝大多数国家一样，适用的是"从旧兼从轻"的原则。从旧的意思是，对一个犯罪行为，原则上适用犯罪时的法律规定，新的规定不能对以前的犯罪行为追责。这是为了保证"罪刑法定"的原则和社会的稳定性，也是为了维护判决的确定性和法律的权威。否则，每颁布一个新的法律规定，就把以前判过的案件拿来重新再判一下，那就乱套了。

　　"从轻"是"从旧"的例外，只在旧规定和新规定两种情况下都是犯罪，新规定比旧规定的处罚更轻的时候，才适用新的规定，前提是案件还没审判或者判决没生效。因此，这个案件是无法适用新的规定的。

　　从另外一个层面来说，本案在客观上推动了刑事责任年龄下调。

这对以后的未成年人犯罪处罚，尤其是犯罪预防都起到了积极的作用。

　　法律的终极价值在于，通过警示和引导来规范社会秩序。既然悲剧已经酿成，在尽最大可能弥补受害人家属的前提下，让这类悲剧在以后得以减少甚至杜绝，也算是一种慰藉吧。

# 11 如何看待浙江未成年人犯罪不归入档案

---

2019 年，浙江省检察院联合省委宣传部、共青团浙江省委等 12 家单位共同出台了《浙江省未成年人犯罪记录封存实施办法》，细化完善《中华人民共和国刑事诉讼法》规定的未成年人犯罪记录封存制度。其中明确规定，对于犯罪记录被封存的未成年人，公安机关应当出具无犯罪记录书面证明，教育、民政等相关部门也不得将有关法律文书归入学生档案、劳动人事档案。

---

未成年人犯罪记录封存合法、合规、合情、合理。

其实，"未成年人犯罪记录封存"并不是一个新鲜的名词。2012 年施行的修订后的《刑事诉讼法》就明确规定："犯罪的时候不满十八周岁，被判处五年有期徒刑以下刑罚的，应当对相关犯罪记录予以封存。"被封存后，除了司法机关办案需要，不得向任何人提供。因此，浙江省此次出台这个规定，只是在落实《刑事诉讼法》的规定，并无不妥。

有人质疑：未成年人犯罪记录封存后，在求职就业中须向用人单位提供材料时，公安机关应当出具无犯罪记录证明，这是不是让公安机关撒谎？

其实并不是。既然法律规定封存，非因特殊情况不得提供，那就相当于一般情况下这个犯罪记录是查询不到的，公安机关出具无犯罪记录证明并不无妥。

再说，《刑事诉讼法》作出这一规定，目的就是最大限度地挽救犯罪的未成年人，给他们改过自新、重新来过的机会。毕竟，对于这些未成年人来说，他们的人生才刚开始。

未成年人犯罪有多方面原因，如果把全部责任都归在未成年人身上，是不公平的。但这并不是说未成年人犯罪，法律就会一味纵容。犯罪记录封存只限于犯罪时未满 18 周岁，并且判处有期徒刑 5 年以下的未成年人，这个划分的界限是以是否属于重罪为标准的，也体现了法律的人性化。

我们也应当看到，封存犯罪记录不能解决未成年人犯罪问题。未成年人犯罪，重在预防。结合降低刑事责任年龄标准的规定和《预防未成年人犯罪法》的修订，家庭教育和未成年人心理健康教育才能产生更加积极有效的效果。

希望每个孩子都能拥有健康快乐的童年，希望未成年人犯罪越来越少，孩子们保持本真的样子。

# 12    大学生犯罪是否应当开除学籍

---

　　浙江大学学生努某某因强奸罪被判有期徒刑 1 年 6 个月，缓
刑 1 年 6 个月，学校给的处分是留校察看 12 个月，引发网络热议。
2020 年 7 月 31 日深夜，浙江大学发布消息，决定给予努某某开除
学籍处分。

---

　　2020 年 7 月 31 日深夜，浙江大学官方微信发布了开除努某某学
籍的决定。这个消息迅速引发了关注。

　　那么，大学生犯罪是否应当开除学籍？浙江大学一开始作出的留
校察看处分是否合规？现在改为开除学籍是因为舆论还是另有隐情？

　　第一个问题，我们来看大学生犯罪的法律责任和可能受到的纪律
处分。

　　大学生是成年人了，应当对自己的行为负责，犯了罪肯定会被判
刑，也要承担民事赔偿责任。只不过，由于大学生还在学校接受教育，
很多情况下违法犯罪都能够被从轻处罚。

　　在努某某强奸一案中，法院认定他是犯罪中止，且具有自首情节，
所以最终判了缓刑。对这个判决，网上有一些质疑的声音，不过这个
属于刑事案件的裁量，我们不了解具体案情，也不好去评价。

　　除了法律责任，大学生犯罪后还要受到学校的纪律处分。教育部

有个《普通高等学校学生管理规定》，规定了 5 种纪律处分，按照由轻到重的顺序，分别是警告、严重警告、记过、留校察看以及开除学籍处分。其中，构成刑事犯罪的学生，学校是可以开除其学籍的，这也是最重的处分。

第二个问题，浙江大学一开始作出留校察看处分是否违反规定？

在教育部的规定里，大学生构成刑事犯罪，学校可以给予开除学籍处分。注意，这里是"可以"而不是"应当"。什么意思呢？就是学校可以开除，也可以不开除，裁量权在学校。浙江大学根据教育部规定制定的《浙江大学学生违纪处理办法》，有这么一条规定：学生被判处有期徒刑被宣告缓刑的，给予留校察看或者开除学籍处分。这一规定与上位法，也就是教育部的规定是不冲突的。所以，最初浙江大学给予努某某留校察看处分也并未违反规定。

第三个问题，浙江大学为何改变之前的决定，重新作出开除学籍处分？

根据浙江大学的官方通报，公布留校察看处分决定后，网络上出现了许多新的线索。根据这些线索，学校查实努某某确实存在多项被举报的违纪违规情况，这些是之前作处分决定的时候学校不了解的情况，包括实施两次以上违纪行为，使用通信设备及其他工具发送、接收考试相关内容等。这样的话，在情节上就更为严重，给予留校察看处分显然不适合，反而还要从重或者加重处分。所以，学校重新作出开除学籍的处分，这也是合法合规的。

第四个问题，大学生被开除学籍后会有什么后果？

根据《浙江大学学生违纪处理办法》规定，开除学籍，由学校发给学习证明，在规定时间内离校，档案、户口都要退回或者迁回家庭所在地或原户籍地。也就是说，如果学生被开除学籍，就只有学习证明，不会授予学位证和发放毕业证，努某某是无法拿到毕业生和学位证的。

　　浙江大学对犯罪学生的纪律处分为何会引起这么大的争议？我认为，除了犯罪学生自身的一些问题，还在于学校违纪处理制度不完善，在处理决定的裁量权上受到的约束也不够。当然，浙江大学也提出了要重新评估修订这个处分制度。

　　总之，对于学生违纪的处分，学校要本着惩罚与教育并重的原则，依法依规进行，不能过分处分，也不能只考虑教育效果而不考虑惩戒功能，要努力做到严明制度、不枉不纵。

# 13　大学生打篮球猝死，学校是否该承担责任

2021 年 5 月，媒体报道广西一名 23 岁大学生李某某在学校打篮球时倒地不省人事，后经抢救无效死亡。医院诊断为心源性猝死。家属称，在李某某倒地到救护车抵达的 11 分钟内，校方没有一个专业人员到现场救治，质疑校方救援不力。学校回应称，校方在整个事件过程中不惜一切代价抢救学生生命，对李某某的离世表示痛心和惋惜。

李某某几乎每天都会打一场篮球，身体素质应该很好。为什么这么年轻的小伙子会猝死呢？

我了解了一下，一般来说，心源性猝死在运动性猝死中占比非常高，可达 87%。这类疾病通常的诱因可能是吸烟、情绪紧张、过度劳累、熬夜等，也跟是否存在冠心病等疾病有关。所以，我们每个人都应当多注意作息规律和生活习惯，以预防悲剧的发生。

具体到本案中，由于心源性猝死的黄金救援时间只有 4 分钟，而救护车是在过了 11 分钟才到达现场的。在此期间，学校没有专业人员到现场救治，那么学校是否应该对李某某的死亡承担责任呢？

从法律层面来说，学校是否要对李某某的死亡承担责任，取决于

学校有没有尽到安全保障义务、李某某的死亡与学校的行为之间是否存在法律上的因果关系。

学校对在校学生的安全保障义务，主要在于篮球场的设备设施是否符合安全标准、意外发生后有没有及时救助等。心源性猝死属于突发性疾病，是任何人都无法预料到的。李某某作为成年人，理应对自身的健康状况有觉知和把握。他在打篮球期间，休息后起身时突然倒地，这是自身身体原因导致的，而不是篮球场的设施设备不符合安全标准所致。在这个方面，学校不需要承担责任。

再来看李某某发病倒地后学校的救助情况。根据媒体报道，李某某是当晚6点58分倒地的，现场学生拨打了校医务室的电话，救护车7点9分抵达。而网上曝光的急救中心出诊登记表显示，拨打120呼叫救护车的是现场的同学，而且这名同学是在李某某倒地不醒8分钟后才打的电话。急救中心在接到电话3分钟后抵达。

那么，医务室接到电话后做了什么？其间医务室为什么没有人到现场？医务室的规章制度和职责权限是怎样的？当时是否有医护人员值班？这些问题需要进一步调查清楚。

由于设施设备、救护能力、救护权限的限制，医务室可能无法进行有效抢救。但是如果医务室人员存在违反规章制度、工作程序的情况，没有及时到场救助，校方可能难以免责。我们要具体分析医务室没有专业人员到场的原因，判断未到场对最终救助的影响有多大，以此来判定学校担责的比例。

综合来看，学校可能需要承担次要责任、补充责任或者人道主义赔偿责任，后续还要看家长是否追究学校责任以及学校如何处理，希望双方能够友好协商。

希望此事能让更多人认识和了解心源性猝死，避免类似悲剧发生。

# 14 7岁女孩遭母亲虐待向法官求救，如何通过法律保护孩子

上海一名7岁女孩遭母亲虐待并向法官求救。父母离婚后，女孩跟随母亲生活，但母亲再婚后和丈夫两个人都没有正常工作，全家吃"低保"。女孩说自己一个人上下学，要做家务，甚至在家都没睡过床，睡的是厨房地板。女孩父亲向法院起诉，最终要回了女孩的抚养权。

这起案件中母亲的行为令人震惊和愤怒，愤怒之余，我们在此讨论一下这起案件涉及的法律问题。

第一，夫妻离婚后，孩子的抚养权归哪一方，在法律上是怎么规定的？

根据《民法典》规定，离婚时，夫妻双方要处理好孩子的抚养问题。对于孩子的抚养权，首先由夫妻双方协商确定，如果协商不成，可以起诉到法院，由法院按照最有利于未成年子女成长的原则来判决。

那怎样才算"最有利于未成年子女成长"呢？一般有这么几个判断标准：

（一）孩子2周岁以下，原则上由女方来直接抚养。但如果女方患有严重传染性疾病、不尽抚养义务，有确实不宜和孩子共同生活的

情况，可以由男方抚养。

（二）2周岁以上的孩子，符合以下条件的一方可以优先获得抚养权：

1. 已做绝育手术或因其他原因丧失生育能力；

2. 子女随其生活时间较长，改变生活环境对子女健康成长明显不利；

3. 无其他子女，而另一方有其他子女；

4. 子女随其生活，对子女成长有利，而另一方患有久治不愈的传染性疾病或者其他严重疾病，或者有其他不利于子女身心健康的情形，不宜与子女共同生活；

5. 有爷爷奶奶或者外公外婆协助抚养。双方条件基本相同，都要求直接抚养，但子女单独随祖父母或外祖父母共同生活多年，且祖父母或外祖父母要求并且有能力帮助子女照顾孙子女或外孙子女。

（三）如果孩子已满8周岁，法院会尊重子女真实意愿。但要注意，已满8周岁孩子的意愿是法院判决参考的因素之一，还要综合考虑孩子表达意思的真实性、是否存在对孩子不利的情况等。

第二，什么情况下可以变更抚养权？

如果直接抚养一方有对孩子成长不利的行为，严重侵犯孩子合法权益的行为，另一方可要求变更抚养权。比如，本案中7岁女孩向法官求救，说自己被母亲虐待，就符合变更抚养权的条件。

第三，母亲虐待7岁女孩，可能承担什么法律责任？

一方面，虐待孩子可能会导致失去抚养权。同时，根据我国法律规定，在监护人严重损害被监护人健康时，可由近亲属、村（居）委会、医院、民政部门等相关部门向法院起诉，要求剥夺监护权，交由亲属或者相关部门抚养。所以，如果这个母亲虐待女儿情节严重，父亲是可以要求剥夺她的抚养权的，而且被剥夺抚养权后，仍然要承担抚养费。

另一方面，如果情节严重，给女孩的身心健康造成很大伤害，还可能涉嫌治安违法，可由公安机关给予罚款、拘留等治安处罚，如果涉嫌虐待罪，最高可判 7 年有期徒刑。

第四，孩子遭到父母虐待，该如何维护自身合法权益？

虐待孩子是违反《反家暴法》《未成年人保护法》《刑法》等规定的恶劣行为。妇联、公安机关、居（村）委会、共青团、检察院、法院等相关部门都有义务进行保护和救助。

孩子被虐待，可以报警、向妇联求助，或者由家属和妇联、公安机关等向法院申请人身安全保护令。人身安全保护令由法院执行，当地公安机关等协助执行，如果孩子的父母违反人身安全保护令，根据情节，可以依法追究刑事责任，尚不构成犯罪的，人民法院应当给予训诫，可以根据情节轻重处以 1000 元以下罚款、15 日以下拘留。

保护未成年人，是全社会的责任，孩子被虐待，不是家务事，一定要拿起法律武器来保护他们。让每个孩子都能拥有一个快乐的童年。

# 15　母亲狂扇婴儿脸制止哭闹，我们该如何面对一个暴躁的母亲

广西钦州一名女子用力拍打婴儿脸部，被人录制视频后传到网上。警方介入调查后通报称：这名女子是想制止儿子哭闹，恼怒下拍打儿子的脸。经查，婴儿身上无明显伤痕，各项体征正常。事后女子称很懊悔，保证不再打孩子，并签了反家暴保证书。

看了这则新闻，大家可能会有些疑惑。亲妈这样打一个婴儿，怎么下得了手？她是不是有产后抑郁症？警方只是让她签反家暴保证书，这能起作用吗？

我认为，一个母亲这样对待自己的亲生孩子，或许有两个原因：一是她可能有产后抑郁症；二是脾气暴躁加上受教育程度不高，别人眼中的家暴行为，可能是她管教孩子的日常手段。

不管这名女子是否患有产后抑郁症，这个问题都不容忽视。女性在生育孩子期间，身体和精神都承受巨大压力，压力没有得到适当排解，是有很大风险的。很多人都觉得生完孩子后，女性怎么变得那么暴躁，变得如此不可理喻，家中争吵不断。其实这和产后抑郁症有很大关系。有法院曾经判了一个案子，一个90后的妈妈因为产后抑郁，将自己的

孩子亲手按在水里溺死，让人唏嘘不已。因此我在想，发生这样的事，除了处罚，她的家人是不是也该从自身找找原因。

那么，反家暴保证书有什么作用呢？

有人说，这样的母亲就该被严惩，一个保证书能起到什么作用？如果她再犯，又能怎么办？

无独有偶，2020 年 6 月，西安一名女子当街用自行车撞击并掌掴女童的视频被传到网上，警方对女子进行了批评教育，责令其带女儿去医院就诊，并告知其注意教育方式。

朴素的正义观让我们无法容忍和接受这样的行为，至少要拘留吧？这样打孩子都不管，难道要打伤、打死了才管？但法律有法律的评价标准和规则，《反家暴法》《未成年人保护法》对这样的行为都有明确规定，家庭暴力行为情节轻微，依法不给予治安管理处罚的，由公安机关对加害人给予批评教育。

当然，并不是说父母打自家的孩子都不会被处罚。我认为，除了针对施暴者的批评教育，最好还是进一步调查一下，这名女子的施暴行为是偶然的，还是频繁发生的。如果只是在气头上的偶发事件，批评教育没问题，而如果长期存在这种行为，那可能涉嫌犯罪，就得立案追究刑事责任了，并且还要根据实际情况由孩子近亲属或者相关部门申请撤销母亲的监护权。

其实，真该感谢《反家暴法》的出现，让公安机关、妇联以及社会各界得以共同介入家庭暴力事件，对施暴者进行批评教育，并采取必要的法律手段。

对于一个孩子来说，最好的关爱和保护应该是父母的爱。这个母亲本身或许并不坏，通过司法机关和社会力量的介入，如果能促使她认识到错误并积极改正，那对孩子无疑是最好的结果。而签了反家暴保证书后，若再犯，公安机关是可以对其做出法律处罚的，并且在这期间，相关部门也会发挥作用，不定期地进行回访监督。

家庭暴力具有隐蔽性，外人看到的只是冰山一角。希望，公安机关在办理这类案件时多做一步，或许可以挽救一个不幸的孩子。

# 16　拐卖儿童是否应当"买卖同罪"

2021 年 12 月 6 日，电影《亲爱的》原型孙海洋找到儿子孙卓并相认，引发了舆论热议，并引起了全社会对拐卖儿童是否应当"买卖同罪"的讨论。

公众对人贩子的恨，是深入到骨子里的，恨不得枪毙他们 100 遍。

提高拐卖妇女儿童罪的量刑起点和标准，加大他们的犯罪成本，确实可以对犯罪分子起到威慑作用。我也支持对人贩子从重从严惩。

从目前我国《刑法》规定来看，拐卖妇女儿童罪的起点刑是 5—10 年，并处罚金；情节严重的处 10 年以上有期徒刑或无期徒刑；情节特别严重的，处死刑。也就是说，拐卖妇女儿童，最高是可以判死刑的。

此前，有人大代表建议，在现有量刑标准的基础上，将 5—10 年的起点刑直接调高到 10 年以上有期徒刑、无期徒刑或死刑。也就是说，只要拐卖妇女儿童，至少是 10 年以上有期徒刑。

我认为这个建议是值得商榷的。目前来看，提高此类犯罪成本，重点在源头预防和司法实践中的量刑把握方面。《刑法》的原则之一便是罪责刑相适应。犯罪分子的行为、造成的后果以及他应当承担的责任要相适应。如果犯罪情节很轻微，在惩罚的同时，也要给他们改过自新的机会。如果情节严重，那肯定不能轻饶。

现行《刑法》条款规定的量刑标准还是较为合理的，除了5—10年、10年以上有期或无期以及死刑这三个档次，根据《刑法》理论和相关规定，在拐卖妇女儿童过程中实施奸淫等犯罪行为时，还要数罪并罚。只要有这类犯罪行为，起点10年以上甚至死刑都是可能的。

量刑的判定不仅要考虑法律规定，还应参考犯罪情节。

任何犯罪行为都让人痛恨，也会给受害者及家属带来或多或少的痛苦。可是如果我们对所有犯罪都施以重刑，虽然能起到威慑作用，却有可能造成一系列不良影响。比如，犯罪分子犯罪后，想到反正都是死，也没有改过自新的机会，极可能对受害者施以更大伤害。

我们再来说说拐卖儿童犯罪中买方的法律责任问题。

在我国现行法律中，拐卖儿童和收买被拐卖的儿童对应的是不同的罪名、不同的量刑标准：拐卖儿童罪可处5—10年有期徒刑，并处罚金，最高可处死刑；收买被拐卖的儿童罪，只规定了3年以下有期徒刑、拘役或者管制的刑事责任。两者差别很大。

"拐卖儿童买卖同罪"的呼声，有一定的合理性，毕竟有买才有卖。如果没人愿意买孩子，那人贩子也失去了市场。某种程度上来说，收买的人比拐卖的人更可恶。在法律上，有预谋地收买，教唆、帮助拐卖儿童，明知是拐卖的儿童仍然收买，跟拐卖儿童的行为，在性质、主观恶性、危害程度等方面是相当的。

要遏制拐卖妇女儿童的行为，需要解决几个关键性的根本问题：

一是违法成本问题。从立法层面继续加大对拐卖妇女儿童犯罪的打击力度，提高量刑基准和幅度，从严从重处罚。

二是利益根源问题。从立法层面加大收买被拐卖妇女儿童的处罚力度，可以与拐卖同罪同罚，甚至有所提高，加大对收买方的威慑，让拐卖者无利可图，或者没有市场。

三是警示和安全教育问题。妇女儿童被拐卖，有时候是家长的监护职责未到位，有时候是安全意识不足，给了犯罪分子可乘之机。要加强这方面的防范，从而降低风险。

四是社会力量的帮助。现在已经有不少社会力量辅助寻找被拐妇女儿童，建议从国家层面加强规范、管理和支持力度，尽可能广泛发动力量，让犯罪分子无处遁形。

结 语

# 从社会议题看微博热搜的正向价值

　　记不清从什么时候开始，网上开始流传一种说法——不上热搜就解决不了问题。但我不知道大家有没有想过，为什么上了热搜就能解决问题呢？

　　微博是一个互联网平台，公众可以在上面发表言论。一开始，有些问题尚处在真伪不明的状态，有的可能是人的问题，有的可能是制度层面的问题；而法律和社会管理制度属于国家公权力的范畴，在创设、修改、执行等方面都有着严格的程序要求，存在一定的滞后性、被动性。当两种问题相遇，考验的就是社会治理能力和水平。在微博上由公众言论汇聚成的热搜成为一种舆论监督，已经在推动社会制度完善上展现出效果与价值。

　　其实除了舆论监督，微博热搜的另一层价值在于：它为每一个人提供了表达的平台和空间，再微弱的声音，也有了被听见的可能。比如，在疫情期间，老年人因为没有或者不会使用智能手机，无法出示健康码，上不了公交车。此事登上热搜榜后，"智能时代中的老人"这一议题被关注和讨论。相关部门开始采取措施，解决这一问题，让疫情防控和社会公共管理更加人性化，更加有温度。

每当有重大社会突发事件，尤其是一些关系到公共安全的意外事故、严重暴力犯罪案件等，都能够在微博迅速登上热搜榜，成为全民关注的焦点。而对于这类社会影响力大、关注度高的事情，政府部门都会高度重视，高效处理。网友的高度关注和广泛讨论，既发挥了舆论监督的作用，又让不同的声音被听见，让事情的处理更加公开、公正，从而降低了谣言、阴谋论出现的可能性。

与此同时，非事故、案件之外的社会热点中，微博上的垂直领域博主也会积极发表专业观点，多维视角的交流与碰撞可能会引发争执，但最终的趋势是，真理越辩越明，讨论归于理性，为相关制度的完善提供了民间参考。

比如，刑事责任年龄调整至 12 周岁，特殊职责人员与已满 14 周岁不满 16 周岁未成年女性发生性关系按强奸罪论处，高空抛物入刑，冒名顶替入刑等《刑法》新规，都与社会讨论密不可分。

可以说，我们目前正处在一个全民参与法治进程和社会建设的空前时代。

再以疫情期间的热搜话题为例。新冠疫情下，社会正常运转受到严重影响，阴云笼罩，我们了解疫情进展的消息，表达自身的感受和观点，提出意见、建议和求助，很大程度上都是靠网络平台，靠微博热搜。社会议题的广泛讨论，一定程度上提高了疫情防控的效率，让焦虑得到缓解，让无助得到救援。回过头去看那一段路，某种意义上来说，全社会的凝聚力增强了。

当然，说微博热搜，不能不提一个词——反转。网络时代，信息传播的高效率也带来了一些负面问题，新闻出现反转的概率大大提高了。而反转背后，往往是对社会正常秩序的破坏，甚至对社会价值导向产生不利影响。有人把这个问题归咎于平台，对此，我是难以认同的。

之所以会出现反转，可能有多方面的原因，有过失所致，也有故意为之。比如信息不对称，普通网民无法辨别真伪；比如一些自媒体甚至传统媒体，为了博取关注，不惜突破道德和法律底线，发布不实信息；比如有的人为了实现自己的目的，在网上发布违法、违规信息，等等。在这过程中，平台确实不可避免地充当了助力者的角色。这就涉及一个问题：公民如何依法行使自己的表达权？

在法律层面，平台对用户所发布信息的法律责任，是合理审查和造成损害时的及时处理，并不是以此来限制公民表达权。我们更应该看到的是，公众参与反转事件传播和讨论时的社会价值。

情绪化是人类与生俱来的属性之一，谣言也不是网络时代的产物，当网络平台通过反转事件，把人间的美丑善恶浓缩到极致，我们必须采取措施，进行管理和处置。

净化网络空间的前提是净化人心。在这过程中，需要网络传播的规范，需要法律的不断完善，需要价值理念的引导。经历了一次又一次的反转，相信"网络不是法外之地"的观念，在不断深入人心。

作为一名律师，我关注很多社会热点事件，发现热点事件背后几乎都是法律问题。我在参与社会议题讨论的时候，一方面是从自己专业的层面对一些影响大的事件进行法律解读，及时纠正一些认识误区，尽到普法的社会责任；另一方面，对一些社会问题和社会现象给予充分的关注，进行呼吁和倡议，为推动法治进步略尽绵薄之力。

比如，这两年我在网上关注到一个名为"紫丝带妈妈"的群体，这个群体大多是遇到了孩子藏匿问题的妈妈，在离婚纠纷中，她们有的取得探视权，有的取得抚养权，但孩子被丈夫、公婆抢夺、藏匿，受到很大伤害。她们希望通过法律维权，可是在法律规定和实务中，却面临着种种难以执行的尴尬和困难。

她们向我求助，我一方面为她们提供公益法律咨询；另一方面也尽自己所能参与一些话题讨论，表达观点，提出倡议。在很多法律专业人士、新闻媒体以及她们自身的不断努力下，不少妈妈依法要回了孩子。2020 年 10 月 17 日修订通过，自 2021 年 6 月施行的《中华人民共和国未成年人保护法》第二十四条，明确规定："不得以抢夺、藏匿未成年子女等方式争夺抚养权。"

最后，我想说的是，类似微博热搜这种平台上社会议题中的正向价值不容忽视。正是在一点一滴的讨论和博弈中，在不知不觉的价值共建中，我们这个社会才变得更好，才拥有不断向上的精神和力量。